1936
손기정, 세계를 제패하다

천천히읽는책_80

1936 손기정, 세계를 제패하다

글 주강현

펴낸날 2025년 8월 15일 초판1쇄
펴낸이 김남호 | 펴낸곳 현북스
출판등록일 2010년 11월 11일 | 제313-2010-333호
주소 07207 서울시 영등포구 양평로 157 투웨니퍼스트밸리 801호
전화 02)3141-7277 | 팩스 02)3141-7278
홈페이지 http://www.hyunbooks.co.kr | 인스타그램 hyunbooks
ISBN 979-11-5741-444-4 73910

책임편집 류성희 | 디자인 디.마인 | 마케팅 송유근 함지숙

ⓒ 주강현 2025

이 책은 저작권법에 의하여 보호를 받는 저작물이므로 무단 전재 및 복제를 금지하며,
이 책 내용의 전부 또는 일부를 이용하려면 반드시 저작권자와 현북스의 허락을 받아야 합니다.

⚠ 주의 종이에 베이거나 긁히지 않도록 조심하세요. 책 모서리가 날카로우니 던지거나 떨어뜨리지 마세요.

1936
손기정, 세계를 제패하다

글 주강현

현북스

| 머리말 |

손기정, 두 발로 세계를 제패하다

이 책을 쓰게 된 것은 오랜 인연 때문입니다. 아주 어릴 때 서울의 만리동에 있던 양정중학교에 입학하였습니다. 입학 이후에 손기정에 관한 수많은 전설 같은 이야기를 들었습니다. 학교 교정에는 그가 베를린에서 가져온 월계수나무가 자라고 있었고, 가을이면 우리는 그 낙엽을 주워서 책갈피에 보관하곤 했습니다.

해마다 양정에서는 마라톤대회가 열려서 고등학교 2학년 때까지 무려 5년간 마라톤에 참가하였습니다. 이처럼 손기정은 제가 어릴 때 전설 같은 인물이었고 늘 곁에 있던 존재였습니다.

2025년 양정 창학 120주년이 맞이하면서 여러 이유로《양정 인물 평전》을 펴냈습니다. 인물들 중에 당연히 손기정도 포함되었습니다. 이 책을 펴낸 이후에 손기정에 관한 어린이책도 필요하다는 요구를 많이 듣게 되었습니다.

현재 양정중·고등학교는 목동 신도시로 옮겨져 있으며, 지금도 마라톤과 손기정은 전설 같은 이야기로 전해오는 중입니다.

　마라톤은 체력적으로 힘겨운 인내와의 싸움입니다. 가난한 압록강변의 소년이 달리기 선수가 되고 일본인의 차별을 견뎌내면서 베를린올림픽에 진출합니다. 금메달을 따서 세계적 선수가 되었으나 일제강점기였기 때문에 일장기를 달고 우승대에 섰습니다. 조국을 잃어버린 식민지에서 태어난 슬픈 일이었지요. 손기정은 올림픽에서 금메달을 선사함으로써 일제강점기 우리 민족에게 큰 희망을 선사하였습니다.

　손기정은 여전히 한국이 낳은 육상의 영웅이며, 세계적 인물입니다. 2025년은 광복 80주년이 되는 역사적인 을사년입니다. 이 책이 아무리 힘들어도 꿈을 갖고 노력하면 큰 나무로 성장할 수 있다는 희망의 책으로 읽히길 원합니다.

| 차례 |

머리말 4

 베를린올림픽 마라톤 우승, 조선 백성에게 희망을 선사하다

나치스의 우월함을 자랑하기 위해 열린 올림픽 10

손기정, 올림픽 신기록으로 마라톤 우승 18

일제강점기 압박받던 민족에게 희망을 선물하다 23

올림픽 우승으로 불어닥친 손기정 바람 28

 가난한 신의주 소년, 압록강변을 달리다

중국과 가까운 국경도시, 신의주에서 36

일과 운동을 함께하기 위해 일본으로 건너가다 42

동익상회 공정규의 도움을 받다 46

제2회 동아마라톤대회에 출전하다 50

 평안도 소년의 꿈이 서울에서 펼쳐지다

육상 명문학교 양정에 입학하다 56

큰 나무로 키워 준 훌륭한 선생님들 63

손기정을 이끌어 준 선후배 선수들 70

제4부 베를린으로 가는 길

초인간적 기록으로 베를린올림픽 출전 80
2시간 29분 19초 2의 올림픽 신기록과 금메달 86
잊어서는 안 될 동메달 우승자 남승룡 92
시베리아 횡단 열차와 적도 바닷길 97

제5부 일장기 말소 사건과 그 파장

한국인이 아니라 일본인으로 우승하다 102
계획적으로 지운 일장기 109
신문 폐간과 감옥으로 113
지금도 일본인으로 기록이 남아 있다 117
– 리펜슈탈의 베를린올림픽 기록영화와 손기정 120

제6부 손기정에서 황영조까지, 한국 마라톤의 영광

조선총독부의 끊임없는 감시로 선수 생활을 접다 126
해방 이후에는 체육지도자로 나서다 130
서울올림픽의 성화 봉송 135
그가 달리던 운동장은 기념체육공원으로 139
월계수나무는 지금까지 무럭무럭 자라고 있다 143
– 대한민국 보물이 된 그리스 투구 146

손기정 연보 152

제1부

베를린올림픽 마라톤 우승, 조선 백성에게 희망을 선사하다

나치스의 우월함을 자랑하기 위해 열린 베를린올림픽

1936년, 독일에서 제11회 베를린올림픽이 열렸습니다. 당시 독일은 '나치스'가 지배하던 시절입니다. '나치스'는 아돌프 히틀러를 당수로 한 독일의 파시스트당입니다. 1933년 집권에 성공한 히틀러와 나치스는 독일 민족의 우수성을 안팎에 과시하면서 세계 제패에 몰두하고 있었습니다.

베를린은 본래 1916년 제6회 올림픽 개최지였습니다. 올림픽 개최를 위해 독일은 1912년부터 6만 명을 수용하는 주 경기장을 완공하고, 대대적인 기념 퍼레이드까지 펼쳤습니다. 그러나 1914년 독일이 제1차 세계대전을 일으키면

베를린올림픽 개막식에 참석한 히틀러 나치스가 지배하던 독일은 자신들의 우수성을 안팎으로 과시하기 위해 올림픽 개최에 온 힘을 기울였어요.

서, 제6회 올림픽은 개최가 취소되었습니다. 그런 까닭에 독일로서는 제11회 베를린올림픽이 오랜 숙원사업이었습니다. 덕분에 베를린올림픽은 올림픽 역사상 최대 규모로 열리게 되었습니다.

나치스에 반대하는 나라들이 있었지만, 베를린올림픽은 1936년 8월 1일부터 16일까지 49개국 선수가 참여하여 성

성대하게 치러진 베를린올림픽 개막식 제11회 베를린올림픽은 1936년 8월 1일부터 16일까지 49개국 3,963명의 선수가 참가하여 19개 종목에서 실력을 겨루었어요.

대하게 개최되었습니다. 독일, 미국, 헝가리, 이탈리아, 프랑스, 일본, 영국 등이 참가했습니다. 3,963명의 선수가 19개 종목, 129개 세부 종목에서 실력을 겨루었으며, 주최국 독일은 33개의 금메달을 따내며 종합 우승을 차지했습니다.

만주를 침략하고 중국과 전쟁을 벌이는 등 군국주의 제

국으로 나아가던 일본은 독일과 동맹을 맺고 있었기에 베를린올림픽 출전이 중요한 의미가 있었습니다. 일본과 독일, 이탈리아는 3국 군사동맹을 맺은 관계로, 미국, 영국, 프랑스 등의 연합국에 대항하였습니다. 일본에게도 베를린 올림픽은 군국주의를 선전하는 좋은 기회였지요.

당시 일본의 침략에 시달리던 조선 사회에서도 베를린올림픽은 많은 관심을 받았습니다. 단체종목 출전은 꿈도 못 꾸었지만, 마라톤 같은 개인 육상경기는 그래도 겨루어 볼 만한 종목이었습니다. 가난한 조선의 청년들에게 육상은 꿈의 스포츠로 다가왔습니다. 요즘 아프리카의 가난한 나라에서 이름난 육상선수들이 많이 배출되는 것처럼 당시 조선에도 마라톤 붐이 벌어져서 전국에서 마라톤 꿈나무들이 커 나가고 있었답니다.

사실 마라톤이야말로 '올림픽의 꽃'이지요. 고대올림픽은 기원전 8세기부터 서기 5세기에 이르기까지 그리스 올림피아에서 4년마다 한 번씩 열렸던 올림피아 제전에서 시작되었습니다. 여러 경기가 열렸지만, 그중에서도 마라톤은 가장 중요한 경기 가운데 하나였습니다.

마라톤은 기원전 490년 마라톤 들판에서 아테네군이 페르시아군을 무찌르자 한 병사가 승전보를 알리기 위해 아테네까지 무려 40킬로미터를 달려온 데서 비롯되었기 때문입니다.
"우리가 승리했다. 아테네 시민들이여, 기뻐하라."
아테네까지 달려온 병사는 승전보를 외치고는 너무 지쳐서 그 자리에서 쓰러져 죽었다고 합니다.
마라톤은 그만큼 장거리 운동이기에 엄청난 체력을 요구하는 육상경기입니다. 오늘날 올림픽에는 수많은 종목이 있지만, 마라톤은 여전히 핵심 종목입니다.

일본도 베를린올림픽에 많은 선수단을 파견했습니다. 그중에서 마라톤 종목에는 일본 선수 외에 손기정과 남승룡

베를린올림픽 성화 봉송 베를린올림픽에서는 사상 처음으로 그리스 올림피아에서 성화를 채화한 후 베를린까지 봉송했어요.

두 조선인 선수가 포함되었습니다. 일제는 조선인 선수를 내보내지 않으려고 여러 가지 방해를 했지만, 예선에서 두 선수가 우승하자 어쩔 수 없이 출전시키게 되었답니다.

히틀러는 베를린올림픽을 나치스의 우월함을 세계에 자랑하는 도구로 삼고자 했습니다. 그래서 사상 처음으로 그리스 올림피아에서 성화를 채화한 후 베를린까지 봉송하고, 개회식 때 성화대 점화 의식을 가졌습니다.

베를린올림픽 성화 점화 의식 그리스에서 베를린까지 봉송한 성화는 개막식 때 초대형 나치 깃발이 병풍처럼 둘러싸인 가운데 입장하여 점화되었어요.

성화는 머나먼 그리스에서 달려와 개막 전야제에 베를린 스타디움에 도착했습니다. 초대형 나치 깃발이 병풍처럼 둘러쳐져 있는 가운데, 히틀러 유년대와 청년대 단원들, 독일제국 군인들 사이로 성화가 입장했습니다.

성화 봉송 모습은 올림픽 최초로 라디오 중계와 텔레비전 방송까지 하였습니다. 1936년 시점에서 텔레비전은 최첨단 방송이었지요. 독일은 텔레비전을 세계 최초로 개발한 나라로 1935년부터 정규 방송을 시작하였고, 이듬해 베를린올림픽에서 그 진가를 발휘하였습니다.

나치스는 독일 민족의 우수성을 알리기 위하여 사상 처음으로 올림픽 생중계를 하였습니다. 베를린 곳곳에 24개 대형 스크린을 설치하여 사람들이 무료로 경기를 보게 하였으며, 세계 32개국에 화면을 송출하기도 하였습니다.

손기정, 올림픽 신기록으로 마라톤 우승

손기정은 낯선 베를린 거리를 뛰었습니다. 가슴에는 태극기 대신에 일장기를 달았습니다. 우리나라가 일제강점기였기에 어쩔 수 없는 일이었습니다. 참으로 슬픈 일이었지요.

한번은 고개를 뛰어 내려오는데 한 독일 할머니가 손기정을 따라가면서 시원한 물을 손기정에게 주었습니다. 낯선 나라의 낯선 도시에서 마라톤을 뛰는 동양 선수에게 힘을 내라고 용기를 북돋아 준 것이지요. 독일은 나치가 다스리는 잔혹한 파시즘 국가였지만, 일반 시민들 마음은 따스하기만 했답니다.

손기정 선수에게 물을 주는 베를린의 한 할머니 낯선 나라 낯선 도시에서 마라톤을 뛰는 손기정 선수에게 힘을 내라고 용기를 북돋아 주었어요.

이제 남은 거리는 5킬로미터, 1킬로미터……, 결승점이 바로 눈앞으로 다가왔습니다. 손기정은 사력을 다해 결승점을 향하여 달렸습니다. 손기정의 머릿속에는 두고 온 조국 한

반도의 풍경이 그림처럼 흘러갔습니다. 이 마라톤을 반드시 이겨야만 한다는 신념으로 손기정은 달리고 또 달렸습니다.

올림픽 스타디움에는 마라톤 우승자를 기다리는 수많은 군중이 운집해 있었지요. 독일로서는 베를린올림픽을 위해 엄청난 비용을 들여서 건설한, 아름답고 웅장한 스타디움이었습니다. 스타디움 출입구로부터 한 동양인 선수가 들어오고 있었습니다. 손기정 선수였습니다. 일제강점기 조선 백성으로 올림픽에 출전한 손기정 선수가 일장기를 가슴에 달고 1등으로 들어오고 있었지요.

온 힘을 다해 달려온 손기정은 결승점에서 만세를 부르듯이 테이프를 끊으면서 마침내 세계 1등을 거머쥐었습니다.

2시간 29분 19초 2.

올림픽 신기록이었습니다. 당시 결승점을 1등으로 통과하는 손기정의 빛바랜 사진은 오랜 세월이 흐른 지금까지

결승점을 통과하는 손기정 선수 베를린올림픽 마라톤에서 2시간 29분 ▶ 19초 2의 올림픽 신기록으로 우승을 차지하는 자랑스러운 순간이에요. (사진·위키피디아)

도 생생하게 그날의 순간을 알려 주고 있습니다.

 올림픽 세계 1등. 우리 민족의 강인한 힘을 보여 주었고, 나라 잃은 백성으로서 더할 나위 없는 승리였습니다.

 손기정은 속으로 울고 있었습니다. 단순한 스포츠에서의 승리가 아니라, 무언가 뭉클하게 치솟는 민족애가 가슴을 적셨습니다. 어릴 적 가난했던 시절에 훈련했던 압록강변의 추억에서부터 일본 체육계의 차별을 견디고 출전 선수로 뽑히던 과정, 그리고 베를린에 오기까지 오랜 여정이 떠올랐습니다.

 올림픽 선수단을 이끌고 간 일본 대표들도 손기정의 마라톤 우승을 함께 기뻐했지만, 속셈은 달랐지요. 일본인 선수가 아니라 조선인 선수가 우승한 데 대한 질투라고 할까요. 그동안 차별해 온 조선 민족이 우월성을 드러낸 사건이라 일본으로서는 난처한 승리이기도 했습니다. 하여간 손기정은 한국인의 자긍심을 쟁취하고 세계만방에 널리 알리게 됩니다.

일제강점기 압박받던 민족에게 희망을 선물하다

손기정의 베를린올림픽 쾌거는 한반도뿐 아니라 세계만방의 식민지 백성들에게 감동적인 뉴스로 전해졌습니다. 손기정이 살던 20세기 전반은 제국주의 지배로 아시아, 아프리카, 라틴아메리카의 많은 나라들이 식민지 상황에 처해 있었습니다.

당시는 1919년 3·1독립만세운동이 벌어진 후 상해에 대한민국 임시정부가 수립되었고, 많은 독립지사들이 해외로 망명하여 갖은 고생을 하며 독립운동을 전개하던 시절입니다.

베를린올림픽 마라톤 우승을 소개하는 신문 기사 많은 신문이 손기정 선수의 베를린올림픽 마라톤 우승을 환영하는 기사를 내보냈어요.

당시 신문들은 수도 없이 많은 환영 기사를 내보냈습니다. 몇 가지 제목만 뽑아 소개해 봅니다.

조선의 아들 손기정 세계의 영웅이 되기까지

평양 일대는 완전 승전 분위기로 폭우 중에도 혼잡한 인파

어서 오너라, 조선의 두 아들이여(손기정과 남승룡)
우리 민족의 최대의 영예에 전체적으로 환영하자
전 세계에 이름을 떨친 우리의 손, 남(손기정, 남승룡) 두 영웅
우리도 이제 소생한 듯싶으니 힘차게 살아 봅시다

'우리도 이제 소생한 듯'이란 표현은 일제강점기 백성으로서 억눌려 살고 있던 조선인에게 미래의 희망을 주었다는 뜻입니다.

국내외에서 직접 베를린으로 축전이 쇄도합니다.
당시의 대표적 독립운동가 도산 안창호는 손기정에게 1936년 8월 23일 축전을 보냅니다. 손기정의 우승 소식을 듣고 벅찬 마음에 베를린으로 직접 축전을 보낸 것입니다.

민족시인 심훈은 우승을 찬양하며 〈오오, 조선의 남아여!〉라는 시를 짓기도 했습니다. 이 시는 심훈이 같은 해 9월 갑작스럽게 장티푸스에 걸려 병사하면서 그의 마지막

시가 됐습니다. 심훈은 〈그날이 오면〉같이 해방의 절절한 염원을 노래한 시인이었으며, 손기정과 남승룡의 우승에 노래할 수밖에 없었을 것입니다.

> 그날이 오면, 그날이 오며는
> 삼각산이 일어나 더덩실 춤이라도 추고
> 한강물이 뒤집혀 용솟음칠 그날이,
> 이 목숨이 끊기기 전에 와 주기만 하량이면
> 나는 밤하늘에 날으는 까마귀와 같이
> 종로의 인경을 머리로 들이받아 울리오리다.
> 두개골은 깨어져 산산조각이 나도
> 기뻐서 죽사오매 오히려 무슨 한이 남으오리까.
>
> — 심훈의 시 〈그날이 오면〉 중에서 —

그 밖에도 다음과 같은 유명한 사람들의 축전이 속속 뒤따랐습니다.

무용가 최승희와 손기정 손기정 선수의 우승 소식에 독립운동가 안창호, 민족시인 심훈, 무용가 최승희 등 많은 유명 인사들이 시와 축전으로 축하했어요.

손 군이 일착했다는 쾌보는 라디오를 통해 알게 되었습니다. 그때 기쁘고 감격된 것은 무어라 말할 수 없었습니다. 그래 곧 호외를 내게 했지요. (조선중앙일보 사장 여운형)

손기정 씨 마라톤 일착의 쾌보는 처음으로 《조선중앙일보》 호외를 보고서 알았는데 미상불 통쾌합니다. (시인 한용운)

이렇게 기쁜 날은 예전에 없었다.
일본인이 아닌 조선인이 우승해서 더욱 기쁘다. (무용가 최승희)

올림픽 우승으로 불어닥친 손기정 바람

베를린올림픽으로 일어난 손기정 바람이 해외에서도 불었습니다.

해외의 많은 독립지사들뿐만 아니라 중국, 일본, 미국 등지의 교포들도 열렬히 손기정의 우승을 축하했습니다.

임시정부 한국국민당에서 발행한 《한민》은 베를린올림픽 우승을 즉각 보도합니다.

1936년 8월 29일 자 발행의 제6호에 〈한국이 낳은 마라톤 대왕 손·남 양 군의 대승첩〉 기사로 손기정이 신기록으로 월계관을 차지했다는 소식을 전했습니다.

제7호에는 한국국민당이 손기정과 남승룡에게 보내는 다음과 같은 편지를 실었습니다.

그대들의 기쁘고 놀라운 승전 소식이 한번 세계에 전하매 한인은 가는 곳마다 기쁨에 넘쳐서 미칠 듯했다. 여기에는 남녀노소, 노동자, 자본가, 소작인, 지주의 구별이 없음은 물론이오, 심지어 일제의 앞잡이들도 뛰고 춤추었다.

한민족 전체가 감격해하고 있음을 전했습니다. '심지어 일제의 앞잡이들도 뛰고 춤추었다'라는 대목이 의미심장합니다. 손기정 우승이 불러온 전 민족적 반응을 말해 줍니다.

《민족혁명》 창간호(1936년 1월 20일)는 이렇게 썼습니다.

"손기정 군이 마라톤으로 세계기록을 돌파한 것은 우리가 체력으로나 지력으로나 결코 타민족에 떨어지지 않는 세계적 우수한 민족……"

손기정의 우승을 소개하는 베를린올림픽 신문 올림픽 우승으로 국내는 물론 해외에서까지 거센 손기정 바람이 불어닥쳤어요. (사진·양정역사관 아카이브)

우리 민족을 열등 민족으로 낮추어 보던 일제에 한 방 먹인 것이라는 뜻입니다.

《한청》 제1권 제3기(1936년 10월 27일)에는 이런 글이 실립니다.

중국 친구에게 이런 말을 종종 듣는다. 한국은 반드시 부흥할 민족이다. 한국은 다만 정치적으로 다른 민족의 통치를 받을 뿐이오. 민족적으로는 그냥 생생해 간다. ……

이번 베를린올림픽에서 세계적 마라톤 기록을 돌파한 손기정 군은 1일 1식도 어려운 빈한한 자제라지? 우리 중국 자제는 돼지같이 자꾸 처먹을 줄만 알지! 그 같은 강의한 정신은 찾아볼 수 없다.

한국의 제2세 국민은 앞으로 더욱더 용감함으로써 세계적으로 으뜸 민족이 될 것이다. 일본은 장래에 반드시 한국 민족에게 싸움에서 져서 멸망하고야 말 것이다.

일부 사람들은 '올림픽 민족주의'라는 비판적인 표현을 쓰기도 합니다. 하지만 손기정은 가히 태풍에 버금가는 '손기정 바람'을 불러일으켰습니다.

말할 것도 없이 국내에서는 더욱 선풍적인 손기정 바람이 불었습니다. 조선인 선수의 올림픽 우승이 그간 억눌려

왔던 민족적 자존감을 되살리는 기폭제가 된 것입니다.

손기정은 고향에도 들렀습니다. 신의주 공회당에서 열린 우승 축하회는 인산인해 성황을 이루었습니다.

축전과 기행렬 등, 진남포시도 떠들썩
관서체육회도 베를린으로 축전
천도교에서도 손기정, 남승룡 선수에게 축전

우승 축하회에 관한 위와 같은 기사들이 확인됩니다.

또한 〈세계 제패에 각지의 축하 성대, 본사로는 축전과 축문이 답지, 금품의 의연도 다수, 각지 축하회, 마라톤왕 손기정 군 공적탑 건설 계획, 양정고보 동창회의 결의〉 같은 기사도 뜹니다.

〈오늘의 영웅, 우리 손기정 군의 배후에 숨은 힘, 서봉훈 선생의 남다른 애호와 류, 조 양 씨의 지도력 / 친절한 학우들의 눈물겨운 원조, 김봉수, 이달훈 양 군의 물질적 조력이 심대〉 같은 기사도 확인됩니다.

손기정은 일제 치하 조선 대중에게 큰 인기와 존경을 얻었으며, 국내의 신문 광고, 특히 의약품, 식품 광고는 손기정의 올림픽 금메달을 축하하는 메시지를 담는 경우가 많았습니다. 어린이 대상 과자 광고에는 이런 광고 문안도 많았지요.

'이 과자를 먹고 쑥쑥 커 손기정과 같은 사람이 되겠다'

손기정 우승은 일제강점기 조선인에게 열광적 반응을 얻었고, 시골 아낙도 올림픽이 무엇인지 알 정도였습니다.

실제로 1937년 6월 27일에는 모교인 양정고보 교정에 손기정 기념비가 세워집니다.

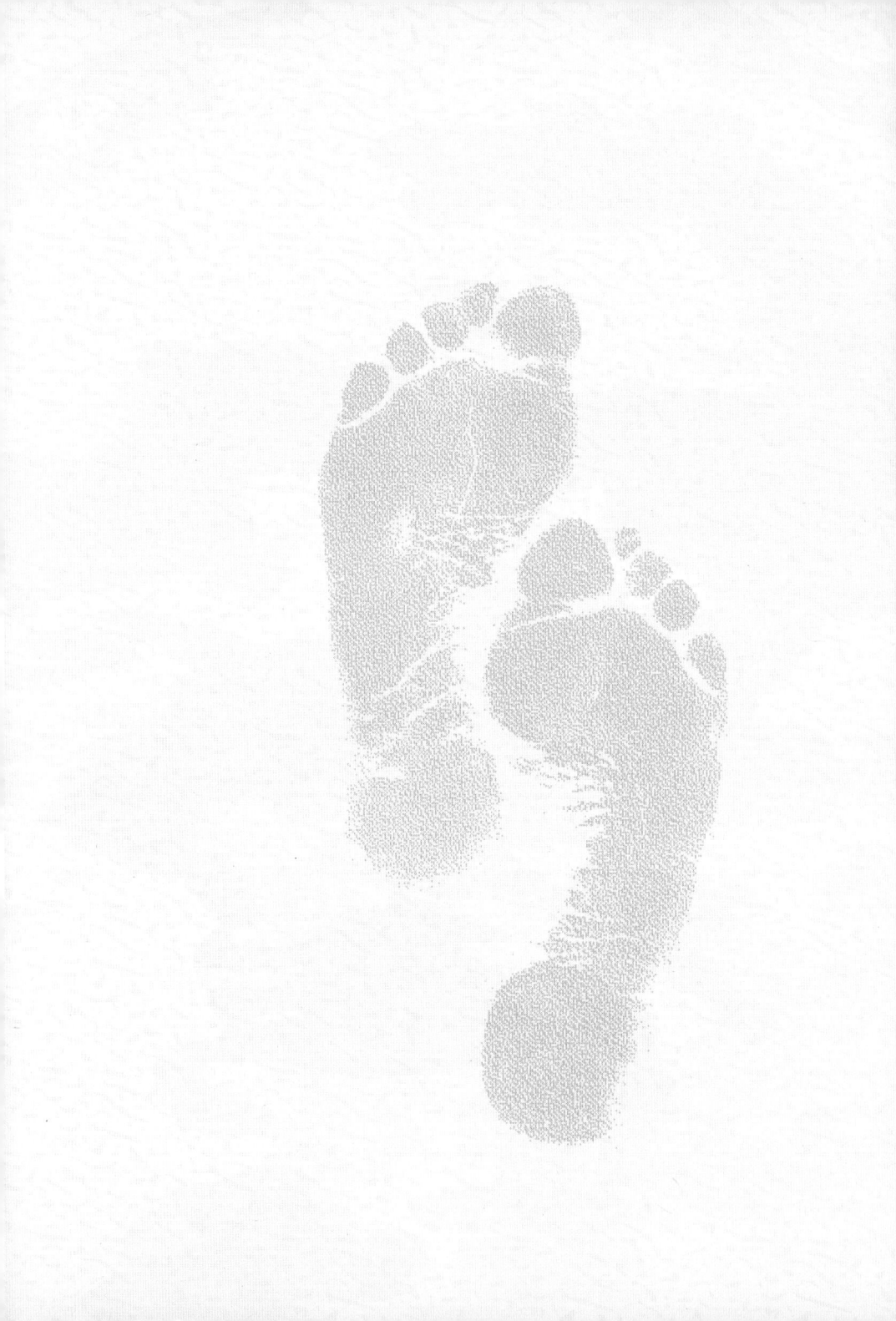

제2부

가난한 신의주 소년, 압록강변을 달리다

중국과 가까운 국경도시, 신의주에서

잠시 이야기를 손기정의 어릴 적으로 돌아가서 그가 베를린올림픽까지 출전하게 된 과정을 살펴볼 필요가 있습니다. 올림픽은 출전 과정에 치열한 경쟁과 선발 절차가 있으며, 세계기록을 새로 세우고 선수로 우뚝 서지 못하면 출전 자체가 불가능하기 때문입니다.

손기정의 고향은 평안북도 신의주입니다. 서북쪽으로 압록강을 경계로 중국 단둥시와 마주 봅니다. 신의주에서 강 건너를 보면 중국 땅이 보입니다. 옛 고구려의 땅이기도 합니다.

신의주에서 중국 단둥을 이어 주는 압록강 다리 손기정 선수는 어린 시절 국경도시인 신의주의 압록강변을 달리던 소년이었어요. (사진·우리역사넷)

신의주는 1905년 오랜 전통의 국경도시 의주읍 남쪽에 서울과 신의주를 잇는 경의선 철도가 개설되면서 급성장하여 1914년에 신의주부로 승격합니다. 압록강 다리로 중국과 연결되는 곳이라 물산과 사람이 빈번하게 왕래합니다. 국경도시이기 때문에 일본인 이주자도 많았습니다. 의주는 전통적으로 중국 사신이 한양으로 들어가는 첫 관문이기도 했습니다. 그런 점에서 일찍 개화된 국제도시이기도 합니다.

신의주는 압록강 하구로부터 30km 남짓 떨어져 있습니다. 도시의 해발고도는 1m이고, 연평균 기온은 9℃입니다. 신의주 압록강 유역에는 이성계가 회군한 위화도를 비롯한 여러 삼각주들이 있습니다.

손기정은 압록강변을 달리던 소년이었습니다. 가난한 집안에서 태어난 손기정은 뒤늦게 공부를 시작한 만학도였습니다.

일제강점기에 한국인 대부분이 그랬듯이 손기정 역시 매우 가난했는데, 학비와 용돈을 벌기 위해 길거리에서 옥수수나 참외 장사를 하기도 하고 우동집 배달 아르바이트를 하기도 했습니다. 손기정은 호떡을 매우 좋아했으나, 당시 호떡값이 꽤 비싸서(5전) 사 먹을 수가 없었다고 회고하기도 했습니다.

평안도 사람들은 생활력이 강하였습니다. 손기정의 어머니 역시 가난한 환경 속에서도 아들을 늠름하게 키웠습니다. 모친 김복녀 여사는 어린 아들이 운동보다는 공부로 성공하길 바랐습니다. 아들이 달리지 못하도록 잘 벗겨지는 여아용 고무신을 신긴 일도 있을 정도입니다. 그럼에도 손기정은 고무신을 새끼줄로 묶어서 달렸고, 새끼줄에 발목이 쓸려서 피가 나도 아랑곳하지 않고 달렸다고 합니다.

집과 학교가 2km 거리에 있었는데, 어린 시절부터 그 거리를 매일 달려서 통학하였습니다. 심지어 노는 시간에도 압록강변을 달려 다녔을 정도로 뛰는 것을 좋아했습니다.

어떤 운동도 천부적인 끌림과 재능이 중요한 것이지요. 동시에 자신의 천부성을 스스로 깨닫고 그 길에 몰두한 사람이 최후의 승자가 되는 법이지요.

손기정은 어린 시절부터 막연하게 운동선수가 되고 싶다는 꿈을 가졌다고 합니다. 이처럼 소년 시절의 꿈은 훗날 큰 꿈을 이루는 출발점이 되곤 하지요.

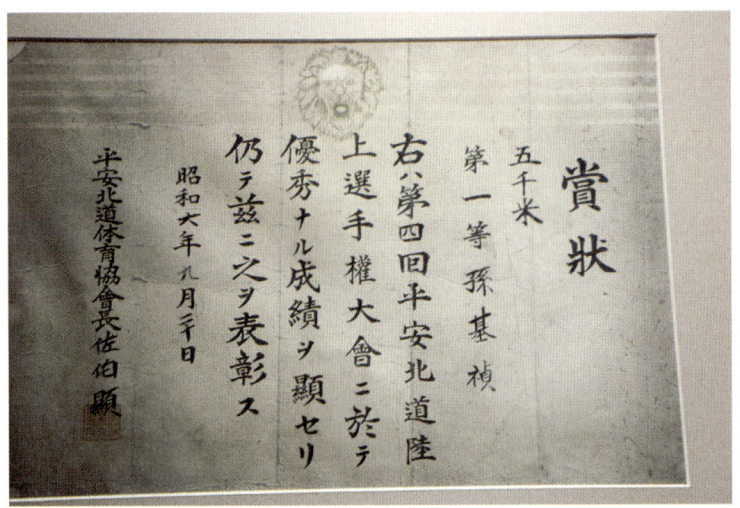

1931년 평안북도 육상선수권대회 상장 신의주의 강변을 달리던 소년 손기정은 평안북도 육상선수권대회에서 3등을 차지한 것을 시작으로 훗날 올림픽 우승까지 이뤄 냈어요.

손기정이 많은 운동 중에서 육상을 택한 것은 '돈이 들지 않는다'는 이점 때문이었지요. 운동이란 어느 종목도 마찬가지이지만 타고난 재능, 그리고 체력 관리와 끊임없는 훈련, 게다가 재정 후원도 필요하지요. 그런 면에서 손기정은 체력도 좋았고, 달리기를 너무 사랑했기에 육상선수로 커 나갈 충분한 재질을 갖추고 있었습니다. 다만 집안이 가난하여 운동을 뒷받침하기 어려웠습니다.

달리기는 보통학교(초등학교) 5학년 때 시작하였습니다. 재능과 열정을 눈여겨본 이일성 담임선생님이 육상선수를 권했지요.

"기정아, 너는 달리기에 적성이 맞는 것 같구나. 꾸준히 노력하면 뛰어난 운동선수가 될 수 있을 것이다."

운동을 시작한 지 얼마 되지 않아서 신의주에서 그 누구도 달리기에서 그를 능가하는 사람이 없었습니다. 그만큼 천부적 재질과 본인의 노력이 있었다는 뜻입니다.

그의 첫 우승은 평안북도 육상선수권대회에서 얻어낸 3등입니다. 이 3등이 훗날 세계올림픽 금메달로 자라나게 됩니다.

압록강변을 달리던 가난한 소년에게 밝은 미래가 다가오고 있었지요. 그러나 운동에만 전념하기에는 집안이 너무 가난했습니다. 가난은 어쩔 수가 없었답니다.

일과 운동을 함께하기 위해 일본으로 건너가다

어린 손기정은 다부진 결심을 합니다. 보통학교를 졸업하고 일본으로 건너갑니다. 이일성 담임선생님이 권한 일이었지요. 당시는 보통학교를 졸업하고 진학 없이 일자리를 구하는 일이 대부분이었습니다. 그러나 신의주에서는 마땅한 일자리도 없었지요.

"기정아, 일본으로 건너가면 돈도 벌고 운동도 할 수 있단다."
"예, 돈도 벌고 운동도 계속할 수 있다면 일본에 가서 열심히 해 보겠습니다."

손기정은 이일성 선생님이 주선해 준 일자리인 일본 나가노현의 포목점에서 일하며 달리기 운동을 계속했습니다. 나가노현은 일본 중부의 산악지대에 위치하여 손기정은 산비탈을 달리면서 열심히 훈련했습니다. 압록강변 평지를 달리던 소년이 나가노의 비탈길을 달리기 시작한 것이지요. 포목점에서 옷감 파는 일을 하는 틈틈이 하는 운동이라 전념할 수는 없는 상황이었지요.

그런데 주인 사정으로 포목점이 음식점으로 바뀌게 됩니다. 음식 배달일이 시작되자 돈을 벌면서 운동을 함께하는 것은 불가능하였습니다.

부득이 손기정은 고향으로 돌아갈 생각을 합니다.

"운동을 계속해야 하는데, 음식점에서는 불가능하고……."

일을 하면서 돈을 버는 것도 중요하지만, 그에게 달리기를 못 한다는 것은 상상도 못 할 일이었지요. 깊은 고민 끝

손기정이 일본에서 돌아올 때 탔던 관부연락선 손기정 선수는 보통학교를 졸업하고 일과 운동을 함께하기 위해 일본으로 건너갔지만, 모진 고생만 하고 6개월 만에 고향 신의주로 돌아왔어요. (사진·위키피디아)

에 손기정은 고향 신의주로 되돌아오게 됩니다. 모진 고생만 하고서 불과 6개월 만에 빈손으로 돌아온 것이지요.

일본 중부 내륙에 위치한 나가노에서 신의주까지 돌아오는 과정은 험난한 여정이었습니다. 나가노에서 시모노세키로 와서, 관부연락선을 타고 부산에 내렸습니다. 부산에서 다시 기차를 타고 경성(서울)에 내렸고, 거기서 경의선으로 신의주까지 올라왔습니다. 고되고도 멀뿐더러 낯선 노선이었지요. 일본 땅으로 갔다가 돌아오게 된 이 일은 어린 손기정의 머리에 각인되는 큰 사건이었지요.

동익상회 공정규의 도움을 받다

운동은 계속해야 했습니다. 손기정은 어린 소년이지만 정해진 목표를 향해서 나아가는 결심이 대단했습니다. 집안은 여전히 가난했고 뒷받침할 여력이 없었습니다. 그러나 하늘은 스스로 돕는 사람을 돕기 마련입니다.

신의주로 돌아온 손기정을 돕는 사람이 나타납니다. 동익상회의 공정규였지요. 손기정은 이 상회에서 일을 하며, 쉬는 날에는 압록강변을 달리며 연습했습니다.

신의주에서 사업을 하고 있던 공정규는 손기정의 후원자로 등장하는데, 요즘 용어로 '스폰서'이지요. 공정규는 크게 자라날 꿈나무를 키워 주었습니다.

 공정규의 후원 덕분에 손기정은 운동에 전념하면서 나날이 큰 선수로 성장해 갈 수 있었습니다. 아무리 상황이 어려워도 자신이 노력하면 언젠가 하늘이 돕기 마련인 것입니다.

 평안북도 육상계에서는 이미 손기정을 넘볼 사람이 없을 정도로 성장했습니다. 그러나 전국적 육상선수가 되자면 경성(서울)에서 승부를 보아야만 했습니다. '시골동네'의 승자로만 만족할 수는 없었고, 평안북도에서는 더 큰 재목으로 성장이 어려웠습니다.
 마침내 손기정은 서울로 진출할 기회를 얻게 됩니다.

 손기정을 후원한 공정규는 어떤 사람이었을까요?
 공정규는 안과의사이자 세벌식 타지기를 발명한 국어학자 공병우의 아버지입니다.

안과 의사이자 세벌식 타자기를 발명한 공병우 손기정 선수는 공병우의 아버지인 사업가 공정규의 후원 덕분에 운동에 전념하며 큰 선수로 성장할 수 있었어요. (사진·위키피디아)

　공병우는 한글을 지극히 사랑하고 세벌식 타자기라는 놀라운 기계를 발명하여 보급한 사람입니다. 그는 문자가 정보전달의 가장 기본적인 수단이며, 정보전달은 글자 입력 속도에 달려 있다는 것을 먼저 깨닫게 됩니다. 한글 타자기를 개발하기 위해 한글의 구성 원리를 공부하다가 한글의 과학성을 깨닫게 되고, 이러한 과학적 원리를 적용하여 세벌식 타자기를 발명한 것입니다. 이처럼 공병우는 한글을 영문처럼 쉽고 빠르게 입력할 수 있는 한글 타자기를 개발해 낸 한글 쓰기 기계화의 선구자입니다.

공병우는 대한민국 최초의 안과 전문의이기도 했습니다. 소학교 졸업장도 갖추지 못했지만, 평양 의학강습소에서 의술을 배운 뒤 정규학교는 다니지 않고 독학으로 1926년 조선의사검정시험에 합격했습니다. 의술을 오로지 실력만으로 익힌 뛰어난 능력이 있었지요. 공부란 평생 해야 한다는 신념이 있어서 학벌주의에 비판적인 인물이었습니다.

이처럼 훌륭한 아들을 키워 냈을 만큼 아버지 공정규 또한 대단한 인물이었지요.

제2회 동아마라톤대회에 출전하다

손기정은 1932년 경성(서울)에서 열린 제2회 동아마라톤대회에 처음 출전합니다. 1920년에 창간된 《동아일보》는 1931년에 동아마라톤대회를 창설합니다. 신문 매체가 별로 없던 시절이라 《동아일보》의 영향력은 대단했습니다. 이 대회를 통하여 많은 선수가 탄생하였으며, 오늘날까지 이어지는 유서 깊은 마라톤대회이기도 합니다.

손기정은 이 역사적인 마라톤대회 제2회 차에 참가합니다. 그런데 평안도에서 상경한 '촌놈' 손기정에게 황당한 일이 벌어집니다. 서울 지리를 잘 몰랐던 탓에 복잡한 삼각

1935년 양정고보 친구들과 함께(앞줄 가운데가 손기정 선수) 손기정 선수는 동아마라톤대회에 참가하여 2등의 좋은 성적을 거둔 덕분에 육상 명문 양정고보에 입학할 수 있게 되었어요.

지 로터리에서 그만 마라톤코스를 잃어 버렸고, 잠시 코스를 헤매다 성적이 2등에 그치고 맙니다. 시골 선수였기에 빚어진 불상사였습니다.

그러나 2등에 그친 동아마라톤대회로 인하여 그의 육상 인생에는 새로운 길이 열리게 됩니다. 당시 걸출한 육상선수들을 배출하고 있던 양정고보(오늘날의 양정고등학교)에 입학하게 된 것이지요. 당시 양정의 육상부 중장거리팀 기록은 이미 세계적 수준이었습니다.

　육상 명문으로 자리 잡고 있던 양정고보의 육상 전문 코치들은 동아마라톤대회를 지켜보면서 손기정 선수의 진면목을 알아차린 것입니다.

　손기정은 양정고보에 스카우트되던 당시를 훗날 이렇게 회상합니다. 《동아일보》 체육전문 기자 이길용은 이렇게 기사를 썼습니다.

　마라톤에 흥미를 갖게 되면서 훌륭한 지도와 규칙적 훈련을 위해 서울의 명문 양정고보에 입학하기로 뜻을 굳히고 양정 육상부에 있던 신의주 고향 선배를 찾아가서 부탁을 했습니다.

　고향 선배의 추천과 동아마라톤대회에서 보여 준 육상 자질 등이 잘 맞아떨어지면서 양정고보 입학이 허락된 것이지요. 손기정에게 육상선수 생활의 새로운 미래가 열린 것입니다. 어쩌면 인생에서 새로운 장이 펼쳐진 것이지요. 사람이란 이렇게 언제나 도약의 순간이 필요한 것입니다.

평안도 소년의 꿈이 서울에서 펼쳐지다

육상 명문학교 양정에 입학하다

양정고보는 1905년 양정의숙으로 개교한 학교로, 오랜 역사를 자랑합니다. 고종황제의 후궁 엄 귀비가 내탕금(임금 및 왕실이 개인적으로 쓸 수 있는 사유재산)을 내놓아서 설립한 학교입니다. 양정은 오늘날 서울 시내 세종로의 세종문화회관 터에 있었는데, 3·1독립만세운동 뒤에 서울역 근처의 만리동 언덕으로 이사를 갔습니다. 손기정은 그곳 만리동 교정에서 배웁니다. 양정학교는 지금은 서울시 양천구 목동으로 이사하여 그 역사를 이어 가고 있습니다.

일제는 전문학교였던 양정의숙을 양정고보로 강제적으

로 강등시킵니다. 1920년대부터 양정은 스포츠를 대대적으로 육성하기 시작합니다. 핍박받는 나라의 백성으로서 청년들이 진출할 희망이 전무하던 시절에 심신을 단련하는 데 스포츠는 유익한 통로였습니다.

당시 신문 기사를 보면 양정고보의 육상 수준이 세계 수준에 올라 있음을 알려 줍니다.

조선의 어느 운동도 아직 세계적인 수준에 오르지 못한 오늘에 양정 육상 경기부가 일본에 진출한다. 지난 3년 동안 오사카-고베 왕복 역전 경주에서 내리 우승하고 돌아온 뒤, 1931년 가을에 양정 김은배가 조선신궁경기대회 마라톤에서 세계기록을 깨트린다. 조선 육상경기계는 세계 수준으로 오른다.

연희전문(오늘날의 연세대학교)이 조선인 중등학교 육상경기를 장려하는 목적으로 육상대회를 연 것은 1923년 9월의 일입니다. 연희전문이 주최하는 전조선 중학교 육상경기대회는 당시에 육상선수 등용문으로 중요했습니다.

양정 육상경기부도 1923년 같은 해에 탄생했습니다. 이후 양정 육상경기부는 10년 세월에 걸친 땀방울과 스파이크 자국을 거름 삼아서 빛나는 승리의 탑을 쌓아 가고 있었습니다.

1926년 4월에 경인 간 역전 경주대회, 그해 9월 연전의 제4회 대회, 1927년 봄 경성 역전 경주대회 우승 등 많은 대회를 휩쓸었습니다. 1927년 봄에 처음으로 진해만 철도 개통 기념으로 열린 육상대운동회에서도 원정 우승했습니다.

1928년 9월 24일 연전 제6회 대회에 우승하며 양정 육상경기부의 지반은 굳어질 대로 굳어졌고, 육상 패권은 자타가 양정의 것으로 믿었습니다. 손기정이 입학하기 이전인 1920년대에 육상 패권의 토대가 마련된 것입니다.

양정 선수단은 1929년 1월 12일에 오사카-고베 간 역전 경주대회에 처음 출전했습니다. 일본에서 아주 유명한 대

오사카-고베 간 역전 경주대회에서 우승한 양정고보 선수단 1923년 탄생한 양정고보 육상경기부는 수많은 육상경기에서 우승을 거두며 육상 명문의 토대를 마련했어요.

회였지요. 양정 선수단은 참가한 24개 학교와 경쟁하며 고전 끝에 신기록으로 우승하여 조선 체육사에 큰 이름을 남깁니다. 또 이해 9월 24일 연전 제7회 대회에서도 우승했습니다.

1930년 1월 13일에는 두 번째로 오사카-고베 간 역전 경주대회에 원정을 갔으며 재차 우승했습니다. 또 그동안 중단되었던 경인 역전 경주가 조선체육협회에 의해 다시 열렸는데 여기서도 양정은 우승했으며, 이해 9월의 연전 제8회 대회에서도 또 우승합니다. 그래서 누구나 육상경기라면

1933년 일본 중등학교 육상대회 우승 후 양정고보 본관 앞에서 손기정 선수는 1932년 육상 명문 양정고보에 입학한 뒤 수많은 육상대회에 참가하며 마라톤 선수로서의 경력을 키웠어요.

양정이 으레 우승할 것으로 믿게 됐습니다.

1932년 4월 3일 제3회 경인 간 역전 경주대회가 열렸습니다. 일제 총독부며 철도국 같은 큰 관청은 대학을 졸업한 쟁쟁한 일류 선수를 망라해 가지고 있는데도 지난 2년 동안 연패의 창피를 당했습니다. 이들은 이를 갈아 가며 일개 양정학교 팀에게 우승을 빼앗기지 않으려고 두 팀을 합해 일제 총독부팀을 편성했습니다. 그러나 양정 팀은 만

만치 않은 이 강팀과 겨루어 기어코 우승을 이루고 맙니다 《동아일보》오길용 기자는 원정 대회 족족 우승의 월계관은 양정의 것이 되고 말았다고 기록했습니다. 일본에까지 그 의기와 용력을 발휘하고 돌아온 양정의 경기사는 실로 조선의 육상경기사, 아니 조선 체육사의 일면을 찬란히 장식하고도 남는 바 있다고 선언했습니다.

양정 학생들이 가지고 있는 조선 기록 종목만도 마라톤에 김은배, 1만 미터에 김은배, 5천 미터에 손기정 군 등 당당히 세 개의 기록을 가지고 있다

손기정은 1935년에는 도쿄 메이지신궁대회에서 마라톤 풀코스에 처음 출전하여, 2시간 26분 42초라는 비공인 세계신기록으로 우승을 차지합니다. 공식 세계신기록으로 인정받지는 못했는데, 당시 비서구권에서 열린 대회는 대회 운영이나 코스 길이를 신뢰할 수 없었던 일이 비일비재했기 때문입니다. 비공인이긴 하지만 세계적으로 마라톤 풀코스에서 최초로 2시간 30분의 벽을 깬 놀라운 기록이었지요. 올림픽에서의 금메달 조짐은 이미 이 대회에서 예고된 것이라 하겠지요.

그런데 흥미로운 것은 일본에서 가장 중요한 메이지 신궁대회 마라톤에서 손기정을 시작으로 이후 3개 대회 연속으로 한국인이 1위 자리를 내주지 않았다는 점이지요. 1935년 손기정, 1937년 유장춘, 1939년 오동우가 그 주인공들입니다.

손기정과 그의 시대는 조선 각지에서 비단 손 선수뿐 아니라 수많은 마라토너들이 융성하던 시대였다는 증거이지요. 커다란 열매가 맺기까지는 많은 꿈나무들이 함께 무성하게 자라서 기름진 토양을 만들어야 가능한 이치와 같습니다.

큰 나무로 키워 준 훌륭한 선생님들

손기정은 육상 명문 양정에 입학하여 체계 있는 훈련과 지도를 받게 되면서 본인의 타고난 능력에다가 열정으로 최우수 선수로 거듭나게 됩니다.

손기정이라는 스타가 탄생하기까지 많은 숨은 조력자가 있었습니다. 이들 숨은 조력자들 역시 손기정과 그의 시대를 장식했던 인물들입니다.

김봉수

이름이 전혀 알려지지 않은 김봉수가 좋은 예입니다. 김봉수는 보성전문(현재 고려대학교) 이사장 김기태의 아들로 손기정의 양정고보 3년 선배(18회, 1934년 졸업)입니다.

그는 손기정을 가짜 가정교사로 삼아 학비는 물론 생활비까지 대 주며 어려울 때마다 후원자 역할을 했습니다. 평안도에서 상경하여 경성 생활을 꾸려 가던 손기정에게 큰 힘이 되었으며, 마라톤 영웅 손기정의 보이지 않는 후원자였지요.

당시 양정에는 육상부를 이끈 훌륭한 선생님들이 여럿 있었습니다. 육상은 그냥 달리기만 하면 되는 운동이 아닙니다. 체계 있는 지도를 받아야만 훌륭한 선수로 커 나갈 수 있기 때문입니다.

서정창

서정창은 1899년생입니다. 25세에 양정고보를 졸업하고 히로시마 고등사범을 나와서 양정고보에서 국어 교사로 일했습니다. 그는 운동에 조예가 깊어서 다재다능하였습니다. 서정창은 손기정을 직접 지도한 교사입니다.

1929년 오사카-고베 간 역전 경주대회 우승 기념 사진 가운데 검은 양복을 입은 사람이 양정고보 육상부를 지도한 일본인 미네기시 쇼타로 선생님이에요.

미네기시 쇼타로

일본인 미네기시 쇼타로는 사이타마현 출신으로 1917년 일본체조학교를 마쳤는데, 본디 유명한 마라토너였습니다. 29세 되던 1921년 양정고보 육상부 창설과 함께 부임하여 육상부 제패에 기여합니다. 미네기시는 조선에 체계적이고 과학적인 육상을 보급한 첫 인물이었습니다.

김수기

김수기는 체육 교사였지만, 1931년 '조선이 낳은 10대 운동가'에 포함될 정도로 뛰어난 체육인이기도 했습니다. 손기정 등을 이끈 감독 겸 코치로 베를린올림픽 마라톤 우승을 이끈 주역 중의 하나입니다.

정상희

정상희는 다채로운 경력을 가졌습니다. 양정고보 13회 졸업생으로 메이지대학 법학부를 마쳤습니다. 베를린올림픽 당시 권태하와 함께 조선육상경기협회 명예비서 자격으로 공식 파견됩니다. 조선체육회 이사를 거쳤으며, 해방 이후 1948년 대한체육회 이사로서 보스턴마라톤대회 승리에 기여합니다.

삼성그룹이 설립되면서 삼성전자 초대 대표이사 사장, 삼성물산 사장, 동방생명보험 대표이사 등을 지냅니다. 정상희가 걸어간 길이 삼성의 역사입니다. 삼성그룹 초대 회장 이병철과 사돈 관계입니다. 신세계그룹 정용진 회장의 할아버지이며, 이병철은 정용진의 외할아버지가 됩니다.

권태하

휘문 출신의 권태하는 육상부에서 두각을 나타냈습니다. 1932년 고려육상경기회의 이사로 활약했으며, 같은 해 미국 LA올림픽에 참가해 9위를 차지합니다. 리쓰메이칸중학교를 거쳐서 메이지대학을 졸업했습니다. 1932년 LA올림픽 참가 후 미국에 남아 남캘리포니아대학에서 경제학을 전공했는데, 미국 유학 중 손기정에게 편지를 보내 마라톤에 입문하도록 힘을 북돋운 인물입니다.

해방 이후 조선의 체육 재건을 위한 조선체육동지회의 총무위원으로 활약했으며, 조선마라톤보급회 위원장을 맡았습니다.

김교신

손기정의 학창 시절에서 빼놓을 수 없는 선생님이 있습니다. 무교회주의자 김교신입니다. 김교신이 양정고보에 부임한 해는 1928년입니다. 도쿄고등사범을 1927년에 졸업했으니 졸업과 동시에 귀국한 것이지요.

손기정 선수에게 큰 영향을 준 양정고보 김교신 선생님 전인교육으로 학생들을 이끌었던 김교신 선생님은 손기정 선수가 최고의 마라톤 선수가 될 수 있도록 이끌어 준 고마운 선생님이에요.

김교신은 귀국 후 잠시 고향인 함흥 영생여고에서 교직 생활을 하다가 양정으로 옮겨 이후 11년간 '지리박물'을 가르쳤습니다. 《성서 조선》을 펴내며 평생 무교회주의 운동을 펼친 김교신은 전인교육으로 학생들을 이끌었습니다. 교육의 제일 목표는 '주체적 개성 형성', 즉 누구나 스스로 탐구하는 것이었습니다. 졸업 후에는 한 가지 전공과 한 가지 기호를 택하도록 했습니다.

"전공은 일인 일사의 연구이며, 기호는 전공 외 분야(특히 철학과 문학 등)에서 상당한 조예를 쌓는 일입니다. 각자 전공 중 하나를 택하며 전심전력으로 노력해 그 분야에서 최고의 실력을 구사하기를 꿈꿔야 합니다."

김교신은 심신의 조화를 위해 학생들에게 등산과 운동을 장려했습니다. 그 자신도 등산·농구·씨름·마라톤을 즐겨 했으며 답사, 즉 장거리를 걸을 수 있는 체력을 키우려 했지요.

손기정도 그렇게 길러졌습니다. 손기정 자신이 훗날 회고록에서 김교신 선생님에 대한 애틋한 감사의 말을 남겼습니다.

"교사에는 지식으로 가르치는 교사가 있고, 덕으로 가르치는 교사가 있다. 지식으로 가르치는 교사에게서는 지식만을 배우지만, 덕으로 가르치는 교사에게서는 인생 그 자체를 배운다. 그러므로 후자의 경우는 무얼 배운다기보다 마치 어머니의 젖과도 같이 먹으면 곧 살이 되어 성장하게 된다. 이런 교사야말로 참 교사가 아니겠는가? 김교신 선생님을 바로 그런 분이시다."

손기정을 이끌어 준 선후배 선수들

어떤 스포츠도 동료가 있습니다. 이끌어 주고 힘을 북돋아 주는 선후배가 중요합니다.

김은배

세상에 덜 알려져 있지만 김은배 선수는 손기정에게 많은 귀감이 되었습니다. 그는 육상선수 남승룡의 3년, 손기정의 4년 선배로서 일찍이 육상부에서 두각을 나타냈습니다.

1913년 서울에서 출생한 김은배는 1929년에 경신학교에서 양정고보 2학년으로 전학했고, 일본인 체육교사 미네기시 쇼타로의 지도를 받으며 급성장했습니다. 이제 갓 15살

1932년 LA올림픽 마라톤 대표(오른쪽부터 김은배, 츠다, 권태하 선수) LA올림픽에서 마라톤 세계 6위를 차지한 김은배 선수는 양정고보 4년 선배로, 손기정 선수에게 많은 귀감이 되었어요.

을 벗어난 소년의 몸으로 제6회 전조선 육상경기대회에서 우승하면서 두각을 나타냈습니다. 그는 중거리와 장거리 전문이었습니다. 양정고보가 오사카-고베 간 역전 경주대회에서 3연패를 하는 데 주역이었습니다.

손기정이 양정에 입학했을 당시 김은배는 이미 일본과 한국 전체에서 널리 알려진 유명 선수였습니다. 그의 공식 기록은 2시간 26분 12초였으므로, 손기정이 베를린올림픽에서 우승한 2시간 29분보다도 3분 빠른 기록이었습니다. 김은배는 풀코스 마라톤대회에서 세계 공인기록을 돌파하는 등 세계적 선수로 급성장하고 있었지요.

김은배가 세계기록을 세우자 《동아일보》는 1면 머리에 '세계기록 돌파 조선의 자랑'이란 제목으로 사설을 실었습니다. 손기정 이전에 세계기록을 깬 김은배가 존재하는 것입니다.

김은배는 지난 18일 일반 마라톤 경기에서 2시간 26분 12초의 기록으로 세계기록인 핀란드 선수 콜레흐마이넨의 2시간 32분 5초 38을 돌파하는 세계적 신기록을 세웠다. 이는 조선인이 세운 세계적 기록의 효시로서 홀로 김 군의 영예일 뿐 아니라 널리 조선인 전체의 자랑이라 아니할 수 없다. 특히 김 군은 방금 18세의 중학생으로서 아직 체력의 완전한 발달을 못 본 자이니, 그의 장함은 타에 비할 바가 못 된다.

김은배는 1932년 LA올림픽에 출전하여 세계 6위를 했습니다. 함께 출전한 권태하는 9위를 합니다. 한국 마라톤이 세계로 쏘아 올린 신호탄이 이 대회에서 울립니다. 이들은 경성(서울)과 도쿄에서 가진 올림픽 선발전에서 일본 선수들을 압도적으로 따돌리고 우승과 준우승을 차지했지만, LA 현지에 도착해서는 일본 임원들의 유치한 계략으로 인해 제 실력을 발휘하지 못했습니다.

일본 임원들은 3위로 선발된 일본인 츠다 선수만 마라톤 코스를 답사하도록 도왔으며, 육상화조차도 차별해서 지급하는 등 일본 선수를 우승시키기 위해 조선 선수들의 희생을 노골적으로 강요했습니다.

제대로 맞지 않는 신발 때문에 자신의 기록도 내지 못하고 권태하는 9위로 주저앉았으며, 10km 지점까지 꼴찌로 달리던 김은배는 연도에 나와 태극기를 흔들며 응원하는 교포들 독려에 분전, 6위로 입상합니다.

현지에서의 불이익만 아니었다면 손기정의 영광은 훨씬 앞당겨졌을지도 모릅니다. 하여튼 김은배, 권태하 이 두 선수는 육상에서 유일하게 세계 정상권에 진입해 있던 한국

마라톤의 '건국 신화'임에 틀림없습니다.

김은배 같은 선배랑 같은 학교의 같은 육상부에서 훈련을 받게 되었으니 손기정의 기량이 날로 원숙해진 것은 당연한 일이었습니다.

김은배는 양정고보를 졸업한 뒤 와세다대학 정경학부에서 경제학을 전공했습니다. 해방 이후 조선육상경기연맹, 한국마라톤보급회 등을 조직해 우리나라 육상 발전에 크게 기여했습니다.

김은배가 깔아 놓은 육상의 초석이 베를린올림픽 마라톤의 승리로 귀결된 것이지요.

남승룡

손기정과 함께 베를린올림픽에 참가하여 동메달을 따낸 남승룡도 기억해야 합니다. 남승룡은 19세에 체육 명문인 양정고보 1학년에 편입했습니다. 1930년 조선신궁대회 마라톤에서 2위를 차지하며 선수 자질을 드러냈습니다. 양정 20회로 1936년 졸업했는데, 21회 손기정의 선배였지요. 1

남승룡 선수 양정고보 1년 선배인 남승룡 선수는 손기정 선수와 베를린올림픽에 함께 참가하여 동메달을 땄어요. (사진·위키피디아)

년 선배였으므로 상호 영향을 주고받았으며, 손기정은 후배로서 평생 깍듯이 대했다고 합니다.

남승룡은 1934년 도쿄 메지로상업학교 5학년으로 편입했으며, 1935년 메이지대학 정치경제학부에 진학했습니다.

남승룡은 1936 베를린올림픽에서 2시간 31분 42초의 기록으로 동메달을 땄습니다. 손기정이 우승한 가운데 같은 조선인 남승룡이 3위까지 차지했으니 엄청난 쾌거였지요.

보스턴마라톤대회에서 달리고 있는 함기용 선수 손기정 선수의 양정고보 후배인 함기용 선수는 1950년 보스턴마라톤대회에 참가하여 우승을 차지했어요.

남승룡이 베를린올림픽에서 동메달을 따고 고향 순천으로 돌아오자 순천공회당에 유지들이 모여들어 대성황을 이루었다고 합니다. 남승룡은 1940년에 조선철도국 회계부서에 입사했습니다.

1947년 남승룡은 36세의 나이에 보스턴마라톤대회에서 참가하여 12위의 성적을 거둡니다. 마라톤 초보였던 서윤복 선수의 페이스메이커 역할을 위해 참가한 것인데, 그 덕분에 서윤복은 우승을 차지할 수 있었습니다.

베를린올림픽 이후 손기정이 말년까지 화려한 주목을 받았다면, 남승룡은 손기정의 그늘에 가려졌습니다. 뛰어난 마라토너였던 남승룡에 관한 재평가가 필요한 대목입니다.

함기용

함기용은 손기정과 남승룡의 추천으로 양정중학교에 스카우트되어 학업을 마쳤습니다. 고교 3학년 재학 중이던 1950년 4월 제54회 보스턴마라톤대회에 참가해 우승했습니다. 이 대회가 화제가 된 것은 함기용이 1위로, 송길윤과 최윤칠이 각각 2, 3위로 들어왔기 때문인데, '유사 이래 초유 보스턴마라톤 한국 전패'라는 기사가 뜰 정도였습니다. 함기용은 다음과 같이 회고했습니다.

1948년 대한민국 건국 이후 태극기를 가슴에 달고 우승한 최초의 한국인입니다. 손기정 선배는 일제강점기, 서윤복 선배는 미 군정기에 우승했지만, 저는 건국 이후 우승했으니까요.

제4부
베를린으로 가는 길

초인간적 기록으로 베를린올림픽 출전

　　손기정은 일본 원정 마라톤 경기 우승을 회고하면서 베를린올림픽 출전의 가능성을 다음과 같이 희망했습니다. 손기정 자신이 직접 쓴 글이라 진실성이 높습니다. 장문의 글이나 출전을 앞둔 그의 출사표 같은 것이라 그대로 살펴볼 필요가 있습니다. 제3자가 쓴 글보다는 본인이 직접 쓴 글을 통하여 올림픽 출전 과정을 정확히 알 수 있을 것입니다. 일본 대회에 출전하게 되는 경위, 코치도 없이 혼자서 버티던 고통의 순간들, 올림픽에 출전하게 되는 과정 등을 솔직하게 토로하고 있습니다.

지난번 도쿄 메이지신궁경기대회에서 열린 마라톤 경기에서 나는 세계기록으로 오늘날까지 이어 오던 2시간 26분 42초라는 초기록을 깨트리고, 단연 2시간 26분 14초로 이전 세계기록보다 실로 28초를 줄이는 놀라운 기록을 세웠습니다.

그러자 갑자기 조선 안의 여러 신문사에서는 너무나 지나친 격찬과 찬사로 또는 지나친 선전으로 떠들썩하게 '나'라는 일개 미미한 마라톤 선수를 크게 세상에 알렸습니다.

그러나 나는 그 '초인간적 기록'이라고 말하는 2시간 26분 14초를 세우고는 피곤할 대로 피곤하게 돌아왔을 때였습니다. 도쿄 신궁경기 운동장 한쪽 구석에서 수많은 사람 속에 싸여서 환호와 갈채를 받던 그 순간에도 나는 어쩐지 마음 한구석에 서운하고 쓸쓸한 생각이 일어나 나도 모르게 저절로 눈물이 어리어 나옴을 깨달았습니다. 물론 이 말을 듣는 여러분은 너무나 기뻐서 솟아오르는 눈물이려니 생각하실 분들도 계시겠지만, 그때 내 가슴속에는 어쩐지 기쁨보다는 슬픔이 더 많이 용솟음쳤습니다

……

사실 나는 마라톤이란 운동에 처음 발을 들여놓은 때부터 오늘날까지 10년이나 되는 오랜 시간 동안 단 한 번도 우리 사회와 가정의 힘을 도움받지 못했습니다

바로 얼마 전의 일이었습니다. 지난 3월 21일, 도쿄에서 열린 메이지신궁경기대회에서 일본 내지의 유명한 선수들을 모두 물리치고 우승했을 때였습니다.

비록 지기는 했을망정 다른 선수들은 경기 시작하기 전에는 말할 것도 없고 경기가 끝난 뒤에도 여러 지도자들과 여러 단체의 코치와 후원으로 몸을 단속하고 의기를 북돋워 주기도 하며 위로해 주는 것을 몇 번이고 보았습니다. 더구나 자기가 정한 종목이면 그 종목에 대하여 각 선수들은 모두 매일같이 훌륭한 컨디션 밑에서, 훌륭한 지도자 아래에서 꾸준히 코치를 받아 가면서 늘 연습하여 오던 것을 보았습니다. 이러한 그들이니, 내게 "지도자의 도움도 없이 어떻게 혼자 연습하는 거요?" 하는 의미로 의아스러운 듯이 묻는 말을 많이 들었습니다.

나는 이 한마디 말을 듣고 가슴이 철렁하며 얼굴이 붉어지는 것을 깨달았습니다. 그러나 나는 그 자리에서 그들에게까지 눈물을 보이고 싶지는 않아서 없는 용기를 다해서 "제 종목에 대해서 누구에게 지도받고 가르침을 받겠소. 제 종목은 제가 혼자 연습해야 하지, 나는 그런 지도를 받을 줄 몰라요" 하는 의미의 대답을 억지로 한 기억이 납니다. 이 얼마나 이 땅 스포츠맨으로서 뼈아픈 노릇입니까. 이러한 생각이 들 때마다 나는 그만 이 운동을 그만두고 싶은 생각도 여러 번 일어났던 것입니다.

이러한 고적과 쓰라림을 꾹 참고 오늘날까지 짧지 않은 동안 그야말로 단신으로, 내 한 몸의 열과 성의로 꾸준히 연습하여 내려온 고난의 기록이라고나 할 것입니다.

일본은 세계올림픽대회 마라톤에 정선수로 네 사람, 후보로 두 사람, 합쳐서 6인을 파견한다고 합니다. 그런데 지금 일본 내의 유망한 선수들로 말하면, 니혼대학의 스즈키 선수, 중국지방의 나카무라 선수, 토요대학의 이케나카 선수, 도쿄의 시

베를린올림픽 마라톤 대표팀(왼쪽부터 손기정, 시와쿠, 남승룡, 스즈키 선수) 손기정 선수와 남승룡 선수는 뛰어난 실력과 우수한 성적으로 많은 일본인 선수들을 제치고 베를린올림픽 대표가 될 수 있었어요. (사진·양정고등학교)

와쿠 선수, 조선의 남승룡 선수 등입니다. 이분들은 모두 훌륭한 선수들로 세계올림픽을 목표로 불철주야 훌륭한 코치 밑에서 매일같이 연습과 준비운동에 분주하다고 합니다.

올 6월 중순쯤이면 올림픽 파견 선수들은 출발한다고 합니다. 떠나서 가는 도중에서도 계속해서 연습에 연습을 거듭한다고 합니다. 첫째 경성에 와서도 약 1주일간 합숙할 예정이라고 하며, 북구 핀란드에 가서는 약 1개월 연습할 계획이라고 합니다. 나는 세계무대가 처음이니만치 정작 떠나게만 된다면 나의 있는 힘과 정력을 다 받쳐 싸워 볼 생각입니다. 전에 김은배나 권태하 두 분이 한 번 갔다 오기는 하였습니다마는, 그리 훌륭한 기록은 못 내고 돌아왔습니다.

세계올림픽대회에서 이 마라톤 종목에 한해서만은 우승자에게 동상을 만들어 세운다고 합니다. 일개 미미한 조선 사람이 다만 맨발과 빈주먹으로 세계에 나가서 싸운 승리의 기록을 새길 영광을 가질 수 있다면 오죽이나 장한 일이겠습니까. 나는 오직 이 기회를 앞두고 밤낮으로 준비와 연습에 온 정신을 바치고 있습니다.

영하 20~30도의 추위도 무릅쓰고 연습을 계속해 온 나는 2년 전 10월 17일 처음으로 조선신궁대회 예선에 입선하여 도쿄로 들어갔습니다. 그 뒤에도 오늘날까지 4, 5차의 대회에 출전하여 커다란 성과도 내었고, 어떤 때는 하는 수 없이 억울한 참패도 해 보았습니다. 이제 베를린올림픽 무대를 밟게만 된다면 나는 이 기회를 최초인 동시에 또한 최후의 기회로 믿고, 있는 힘과 정성을 다하여 싸워 보렵니다. 지금부터 그때의 순간순간을 눈앞에 그려 보며 심장의 고동을 느낄 따름입니다.

2시간 29분 19초 2의 올림픽 신기록과 금메달

손기정은 베를린올림픽 본선 경기에서 '2시간 29분 19초 2'로 올림픽 신기록을 기록하며 금메달을 획득합니다.

《동아일보》는 1936년 8월 10일 호외를 발간해 시내에 뿌립니다. 당시에는 정기적인 신문 이외에 호외라는 특별 소식지가 존재했습니다. 이런 격정을 담은 기사는 대부분 언론이 똑같았습니다.

당당, 손기정 군 우승, 남 군도 3착 당당 입상으로
일착 손기정(양정고보생) 2시간 29분 19초 2.

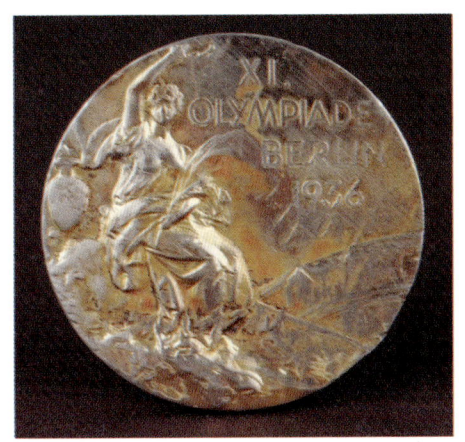

베를린올림픽 금메달 손기정 선수가 베를린올림픽 마라톤에서 신기록으로 금메달을 획득하자 신문들이 호외까지 발간하며 기쁜 소식을 전했어요. (사진·위키피디아)

3착 남승룡(메이지대 학생) 2시간 31분 42초

쾌보에 광희 작약 하는 우중의 대관중

본사의 쾌보 대기진

각 체육단 및 올림픽 선수 등 본사에 모여 철야 대기

오직 감격! 젊은 조선의 자랑

평소 사회 성원에 감사

양정 안·서(안종원, 서병훈 교장) 양 씨 소감

4년 전 분패를 손 군이 설분
전 올림픽 마라톤 입상자 김은배 군 소감

도처에 폭발하는 만세 소리!
본사 속보소마다 도처 대군중
쾌보의 효두, 가도의 점경

전 인류의 기쁨을 고국에 빛낸 데 감사
오늘 새벽 즉시 본사 축전

"나의 아들이 우승! 실로 눈물이 앞을 막소"
신의주 손 군의 모친 소감

    전 조선이 들뜨는 상황이니 조선총독부가 가만히 있을 리 없었지요. 일제 총독부는 조선 민중의 열렬한 환영으로 민족의식이 고양되고 불의의 사태로 번지는 것만을 걱정하였습니다.

손기정이 타고 내린 비행기 베를린올림픽 마라톤에서 금메달을 딴 손기정 선수는 일본을 거쳐서 여의도 비행장에 도착했어요.

비행기에서 내리는 손기정 선수 일제의 엄중한 통제와 감시 때문에 손기정 선수를 환영하는 인파는 찾아볼 수 없었어요.

일제는 엄중한 통제와 감시 속에 손기정을 귀국시켰고, 올림픽 영웅에 걸맞은 환영 인파는 찾아볼 수 없었습니다. 손기정은 일본을 거쳐서 여의도 비행장으로 돌아옵니다. 여의도에는 자그마한 비행장이 있어서 소형 프로펠러 비행기가 일본을 왕복하고 있었습니다. 환영객도 없이 비행기에서 내렸는데, 양정학교의 은사들이 손기정을 마중 나갔습니다. 사진에서 보듯이 손기정은 학교 선생님들이 갖고 간 교복을 입고서 내리고 있습니다.

그러나 일제의 엄중한 통제가 있다고 해서 손기정이 국제적으로 찬밥 대우를 받은 것은 아닙니다.

베를린올림픽 기록영화를 찍은 영화감독 레니 리펜슈탈(1902~2003년)과 심지어 아돌프 히틀러까지도 손기정에게 감명을 받았습니다. 베를린올림픽에서 마라톤의 높은 비중을 생각할 때 리펜슈탈이 이 동양인 선수에게 깊은 인상을 받았음을 알 수 있습니다. 히틀러는 손기정이 일제에 강제 점령당한 조선인이라는 사실을 분명히 알고 있었습니다.

베를린올림픽에서 손기정이 우승하자 독일 방송은 이렇게 '일본의 우승자, 한국 학생'이라고 보도했습니다.

일본의 우승자 손기정이 옵니다. 한국 학생 손기정은 전 세계의 경쟁자들을 아시아의 능력과 에너지로 눌렀습니다.

손기정의 우승 소감 녹음이 일본에 남아 있는데, 고향 신의주 평안도 억양이 배어 나옵니다. 손기정의 자발적 발언이 아닌 일본이 미리 준비한 원고일 것입니다.

독일 작곡가 헤르베르트 빈트(1894~1965년)가 손기정을 위해 교향곡을 작곡하고, 히틀러 총통이 격찬했다는 기사도 남아 있습니다. 손기정은 나치 군인에게 사인 습격도 받았습니다. 이 모두가 올림픽의 승리가 가져온 결과입니다.

잊어서는 안 될 동메달 우승자 남승룡

　손기정과 함께 베를린올림픽에서 3등을 한 남승룡을 기억해야 합니다. 손기정은 양정고보 1년 선배였던 남승룡과 함께 베를린올림픽 대표 선발전에 참가했습니다.
　일본 육상계에는 1932년 LA올림픽 당시 일본 국적으로 출전했던 조선인 선수 김은배, 권태하가 일본 선수의 페이스메이커(다른 선수를 위해 속도를 조율하여 대회에서 좋은 기록을 낼 수 있도록 만드는 보조자)를 하라는 전략을 무시하고 각각 6위, 9위를 차지한 악몽이 있었습니다. 그래서 일본 육상팀은 베를린 대회에는 반드시 일본 선수를 뽑으려고 했습니다.

베를린올림픽 3위 남승룡 선수 조선인 선수를 떨어뜨리려는 방해에도 불구하고 대표 선발전에서 1위를 하여 손기정 선수와 함께 베를린올림픽에 참가할 수 있었어요. (사진·위키피디아)

그러나 대표 선발전에서 남승룡이 1위, 손기정이 2위가 되자, 일본 대표팀은 억지를 부려서라도 이 두 선수를 탈락시키려는 속셈으로 수작을 부렸습니다. 일단 올림픽 선수 출전 인원은 3명이었기에 모두 탈락시킬 수는 없었지요.

손기정 선수(왼쪽)와 남승룡 선수(오른쪽) 남승룡 선수는 베를린올림픽에서 페이스메이커 역할을 하여 손기정 선수가 우승하는 데 큰 도움을 주었어요.

일본 국내 최종 선발전의 1등 기록이 2시간 35분이라는 평균보다 낮은 성적 때문이라는 억지를 부렸습니다. 현지에서 컨디션 조절을 하고 쉬어도 모자랄 판에 일본 육상팀의 억지로 3위 후보 스즈키 히로시게와 4위 후보 시와쿠 타마오를 예비 후보로 선발시켜 현지에 보내고, 이후 현지에서 전대미문의 2차 선발전을 열었습니다. 멀리뛰기 대표였던 어느 일본 선수가 일본 육상팀이 "조선인 둘 중 하나를 떨어트리려고 하고 있다"라는 풍문을 두 사람에게 전해 주는 등 일본인의 간교한 수작이 있었습니다.

그렇게 꼼수를 부리고도 레이스 내내 일본 선수 2명이 이 둘을 따라잡지 못하자 일본 선수들은 몰래 코스를 이탈하면서 지름길로 가는 반칙까지 저질렀습니다. 이를 본 손기정과 남승룡은 분노하며 반드시 이기자고 다짐하고 달렸다고 합니다.

결국 현지 2차 선발전에서도 손기정과 남승룡은 사이좋게 1, 2위를 나눠 가졌습니다. 여담이지만, 지름길로 왔으면서도 늦게 들어온 일본 선수에게 남승룡은 뺨따귀까지 날리며 격분했다고. 합니다. 시원시원하고 활발한 손기정에 비해 남승룡은 조용하고 차분한 성격이었다고 전해지는데, 그럼에도 불구하고 저렇게까지 했을 정도면 화가 얼마나 났을지 짐작할 수가 있습니다.

어쨌든 2차 예선에서 현지 적응에 실패하여 컨디션 난조를 보인 스즈키 선수가 기권하며, 1936년 일본 대표팀 마라톤 출전 선수는 손기정, 남승룡, 시와쿠 타마오 3인으로 결정되었습니다.

일본에서는 "조선인들이 대일본제국의 대표라는 것이 말이 되느냐?"라는 반발의 목소리가 있었습니다. 그러나 손기정과 남승룡이 별말 없이 실력으로 증명해 주니 그런 말은 쏙 들어갔습니다.

어렵게 베를린올림픽에 출전한 남승룡은 동메달을 획득했습니다. 손기정의 금메달에 가려져 있기는 하지만, 남승룡도 막판에 스퍼트를 내면서 무려 30명을 추월해 3위로 골인하는 대단한 모습을 보여 줍니다.

마라톤에는 반드시 페이스메이커가 필요합니다. 자기랑 상대를 겨누면서 달려가는 선수가 필요하며, 남승룡이 손기정에게는 페이스메이커로 작용하였습니다. 금메달 우승자 손기정과 더불어 동메달 우승자 남승룡을 반드시 기억해야 할 일입니다.

시베리아 횡단 열차와 적도 바닷길

그렇다면 손기정과 남승룡은 그 옛날 어떻게 베를린을 다녀왔을까요?

손기정 일행은 갈 때는 시베리아 횡단 열차를 이용했으며, 돌아올 때는 선박을 이용하여 적도 항로로 돌아옵니다.

만리동에 있는 '손기정기념관'에는 1936년 베를린올림픽을 위해 이용한 열차 승차권이 전시되어 있습니다. 서울역에서 부산까지 가서 배를 타고 블라디보스토크로 간 다음, 기차를 타고 그곳에서 하얼빈, 모스크바를 거쳐 폴란드 바르샤바를 통과하는 2등석입니다.

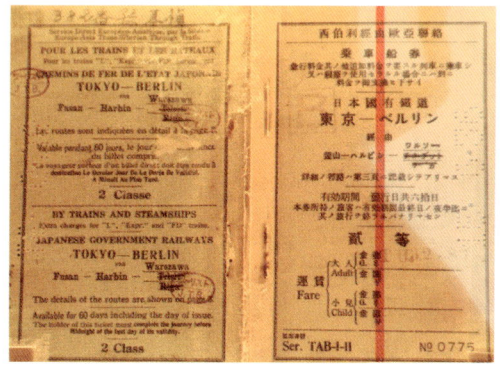

손기정 선수가 사용했던 시베리아 횡단 열차 티켓
손기정 선수는 베를린올림픽에 참가하기 위해 모스크바까지 시베리아 횡단 열차를 이용한 뒤, 유럽 열차를 이용해 베를린까지 갔어요.

모스크바까지는 시베리아 횡단 열차를 이용하였고, 그다음부터는 유럽 열차를 이용하여 바르샤바, 베를린으로 갔을 것입니다.

지루하고 기나긴 열차 여행이었지만 당시에는 유일한 동서 육상교통이었지요. 손기정은 훗날 베를린을 다녀온 여정을 잡지에 기록으로 남기기도 합니다.

손기정은 베를린에서 바로 귀국하지 않고 런던으로 건너갑니다. 런던에서 교민들 환영 모임에 참석하고 배를 이용하여 귀국합니다. 당시까지만 해도 대영제국의 영광이 남아 있어서 영국의 세계 항로가 유지되던 시절입니다. 런던에서 출발하여 지중해로 접어들었고, 수에즈운하를 통하여 홍해로 들어섭니다. 인도양을 거쳐 인도와 싱가포르를 통과하였으며, 남중국해를 거쳐서 일본으로 들어갔습니다. 일본에서는 비행기를 이용하여 여의도 비행장까지 날아옵니다.

그런데 손기정이 유럽 여러 나라를 거쳐서 싱가포르에 도착했을 때, 수상쩍은 이야기를 전해 듣습니다.

"주의해라. 본국에서 사고가 나서 일본인들이 너희를 감시하라는 전문이 선수단에 들어왔다."

일장기를 지운 사건 때문에 신문이 정간되고, 기자들이 감옥에 갔다는 소식이었습니다.
가는 곳마다 일본 경찰이 손기정을 감시하였으며, 마치 범죄인 취급하듯이 몸을 검색하기도 했습니다. 손기정은 차라리 우승하지 말 것을 그랬다고 후회하기도 했습니다. 일제강점기 조선인들이 겪은 수난이었습니다.

일장기 말소 사건과 그 파장

한국인이 아니라 일본인으로 우승하다

체육인으로서는 최고의 영광이라 할 수 있는 올림픽 금메달을 땄지만, 손기정이 베를린올림픽 경기 직후 친구에게 보낸 엽서에는 이렇게 쓰여 있었습니다.

슬프다.

'슬프다'는 이 석 자는 많은 한국인들의 가슴을 아프게 했습니다.

손기정은 자신을 일본인 우승자로 생각할 수밖에 없었을 것입니다. 시대적 조건이 그러했습니다.

손기정이 친구에게 보낸 엽서 손기정 선수는 베를린올림픽 경기 직후 친구에게 보낸 엽서에 '슬프다'라고 적어 조선인이면서 일본 대표로 뛰어야 했던 아픔을 밝혔어요.

대한민국 임시정부 주석 백범 김구는 자신의 심정을 이렇게 말했습니다.

나는 오늘까지 세계를 제패한 손기정, 남승룡 군으로 인해 세 번 울었다. 조선 사람이면서도 조선인 행세를 못 해 가슴에 붙인 일장기를 컴컴한 방안에서 신문을 통해 보면서 가슴 아파 울었다.

임시정부 주석 백범 김구 김구 선생은 손기정, 남승룡 선수가 가슴에 일장기를 단 모습을 신문으로 보면서 가슴이 아파 울었다고 했어요. (사진·위키피디아)

손기정의 수상 소감에서 '우리나라 일장기', 이런 표현이 세 번 등장하고 있습니다. 어쩔 수 없는 나라 잃은 백성의 아픔이었을 것입니다.

베를린올림픽 마라톤 우승 이후 일본에서 우승 소감을 녹음한 내용이 레코드로 남아 있습니다. 이 수상 소감문은 대체로 일본 측에서 써 준 것으로 짐작됩니다.

저는 손기정입니다.

24년간의 오랜 소망을 달성하려고 우리는 중대한 책임을 지고 8월 9일 오후 3시에 스타트에 나섰습니다. 이때 나는 신궁대회 때 스타트와 같은 가벼운 기분이었습니다. 이 정도면 반드시 우승하리라고 생각되었습니다.

　후안 사발라가 먼저 뛰어 달리기 시작했습니다. 나는 내 페이스대로 달렸습니다. 나는 침착한 태도로 달렸습니다. 그러면서 앞에서 달리고 있는 외국인들을 따르기 시작하였습니다. 영국인 어니 하퍼가 곧 내 앞에서 달리고 있었습니다. 32킬로미터를 앞두고 하퍼와 함께 전 대회 우승자인 아르헨티나의 후안 사발라를 따라잡았습니다. 그리고 하퍼와 함께 나는 한동안 똑같이 달리고 있었습니다. 하퍼를 따라잡기에는 무한히 어려웠습니다.

　내 전신에 아직도 힘이 가득하였으므로 능히 우승할 자신이 있음을 깨달았습니다. 즉 문제의 언덕에 다다르니 우리나라 일장기가 나를 응원해 주는 것이 보였습니다. 사토 코치 역시 응원 중의 한 사람이 되어 큰 기를 흔들면서 "이제는 6킬로미터가 남았다"고 큰 고함을 지르는 소리에 일층 더 나는 용기를 내었습니다. 두 번째 언덕에 도달하였을 때도 역시 이곳에 나를 응원하여 주는 우리나라 일장기가 날리고 있었습니다. 이때 수많은 응원자들이 이구동성으로 "이제는 1킬로미터 반이 남았다"고 고함치는 소리가 내 귀를 울려 주었습니다. 나는 무의식중에서 죽을힘을 다하여 더 뛰기 시작하였습니다.

그리하여 나는 이겼습니다. 기록 시간은 2시간 29분 19초 2의 올림픽 신기록이었습니다. 하퍼가 나보다 2분 4초 지나치어 들어왔습니다. 그 뒤를 이어 남 군이 원기 있게 달려들어 왔습니다. 이때의 반가움은 내 입으로서는 형언할 수 없습니다.

오후 6시 15분 나는 하퍼와 남 군과 함께 표창대에 올랐습니다. 장엄한 우리나라 국가가 엄숙하게 내 귀를 울려 줄 뿐이었습니다. 이때의 기쁨은 내 일생을 통하여 잊히지 않을 것입니다. 이 승리는 결코 내 개인의 승리가 아니라 전 우리 일본 국민의 승리라고 하겠습니다.

그런데 사진을 보면 1위와 3위로 각각 단상에 올라선 손기정과 남승룡 모두 어두운 표정을 지은 채 고개를 푹 숙

베를린올림픽 마라톤 시상대 위에 선 손기정 선수와 남승룡 선수 1위와 3위로 각각 단상에 오른 손기정 선수(가운데)와 남승룡 선수(왼쪽)는 어두운 표정으로 고개를 푹 숙이고 있고, 손기정 선수는 월계수 묘목으로 일장기를 가리고 있어요.

이고 있습니다. 손기정은 월계수 묘목 화분으로 가슴의 일장기를 가립니다. 남승룡은 어떻게 해서든지 바지를 명치까지 끌어올려 일장기를 가리고자 했습니다.

기뻐해야 할 날에 오히려 슬픔에 사무친 나라 잃은 두 청년의 감정이 전해져 옵니다. 한국인이라면 누구나 콧날이 시큰해질 만한 장면입니다.

남승룡은 훗날 이렇게 회고합니다.

기정이가 우승해서 금메달을 땄다는 사실보다, 묘목을 받아 그것으로 일장기를 가릴 수 있다는 것이 그렇게 부러울 수가 없었다.

손기정은 훗날 이렇게 회고합니다.

나는 일본이 아닌, 조선을 대표해 뛰었다. 진정한 기쁨은 조국이 알아주는 데서 온다.

계획적으로 지운 일장기

조선이나 일본 언론은 다소 선정적인 기사로 지면을 꾸려 내보냈습니다. 히틀러가 손기정 선수와 악수를 했느니, 고향에서는 불꽃놀이를 했느니 하는 다양한 기사가 올라왔습니다. 손기정 이름은 팔도강산의 어린아이도 알게 됐습니다. 손기정 열풍이 분 것이지요.

그런데 큰 사건이 터졌습니다. 분명히 시상대의 손기정 가슴에는 일본 국기인 일장기가 달려 있었는데, 조선의 신문에서는 그 일장기가 사라진 것이지요.

《마이니치신문》이나 《도쿄신문》 등도 손기정 가슴에 일장

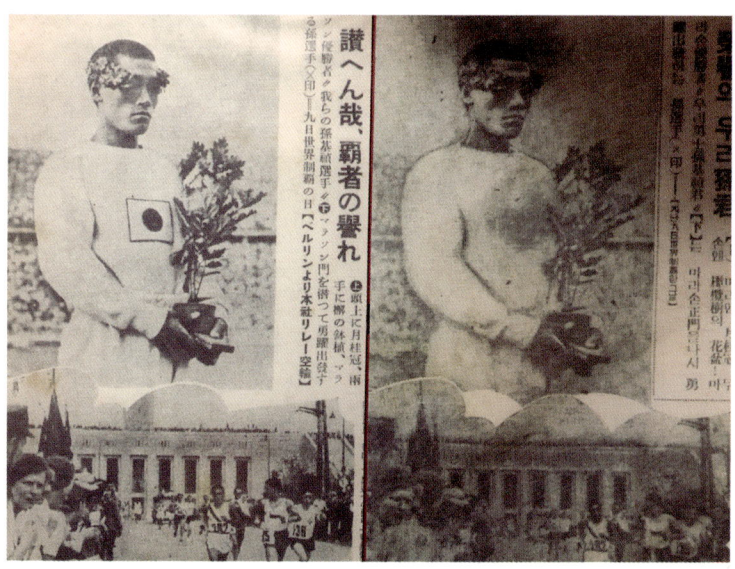

《동아일보》의 일장기 말소 사건 왼쪽 일본 신문에는 손기정 선수 가슴의 일장기가 또렷하지만, 오른쪽 《동아일보》에는 손기정 선수 가슴의 일장기가 지워져 있는 것을 볼 수 있어요.

기가 달린 사진을 일제히 보도했습니다. 그런데 《동아일보》 지면에서 일장기가 사라진 것입니다. 사진을 《아사히신문》으로부터 받아서 《동아일보》에 실었는데, 사진반원과 운동부원과 사회부원 몇 사람이 붓으로 일장기를 지워 버렸습니다.

조선총독부로서는 경악을 금치 못할 사건이었습니다. 신문의 사진에 일장기가 뭉개져서 보이질 않습니다. 조선총독부는 비상이 걸렸습니다.

경기도 경찰부에서 고등계 형사들이 출동하여 동아일보사에 들이닥쳤습니다. 당시 사회부장을 맡고 있던 현진건, 부원 장용서, 임병철, 운동부원 이길용, 화가 이상범, 사진반원 4인 등 10명을 체포합니다.

현진건은 〈운수 좋은 날〉 같은 빼어난 작품을 쓴 소설가이자 독립운동가였고, 일제에 저항 의식을 드러낸 작가였습니다. 최초의 근대식 문장과 리얼리즘을 한국에 성공적으로 들여온 공로가 있으며 당시에 '조선의 안톤 체호프'라고 불리기도 했습니다.

청전 이상범은 향토색 짙은 작품을 주로 그린 당대의 유명 화가였습니다. 안중식의 영향과 지원을 많이 받았는데, 안중식은 손기정이 다니던 양정고보의 교장이기도 했습니다.

이길용은 체육기자로 손기정 등의 마라톤을 오랫동안 취

이길용 기자 흉상 《동아일보》 체육기자 이길용은 일장기 말소 사건의 주역으로, 훗날 건국훈장 애국장에 추서되었어요. (사진·손기정기념관)

재하던 전문가였습니다. 일장기 말소 사건의 실제 주역으로 훗날 건국훈장 애국장이 추서되었습니다. '손기정기념관'에는 그의 흉상을 세워서 체육기자로서의 애국적 삶을 기리고 있습니다. 한국체육기자연맹은 이길용 기자의 기자정신과 한국 체육의 발전을 위해 헌신한 업적을 기리면서 '이길용 체육기자상'을 제정하여 운영하고 있습니다

　이들의 민족심이 혼연일체로 발동하여 가슴에서 사진을 지우고 인쇄를 해 버린 것입니다.

신문 폐간과 감옥으로

　조선총독부 경찰의 취조 결과 일부러 일장기를 말소한 사실이 밝혀졌습니다.

　《동아일보》 사원 10명 외에 주필 김준연도 일시 검거됐으나 곧 석방됐고, 설의식 편집국장은 사건 전후로 지방 여행 중이었기 관련이 없었습니다.

　이 사건은 화가 청전 이상범, 체육기자 이길용, 사진과장 신낙균의 공모였음이 밝혀집니다. 이들은 모진 취조 끝에 재판에 넘겨지고 감옥에 갇힙니다.

　이어서 《동아일보》는 27일 저녁에 정간 처분을 받습니다.

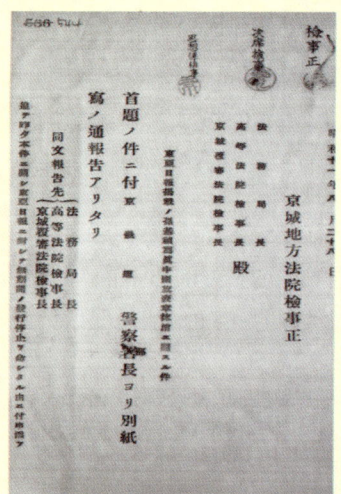

《동아일보》정간 문건 일장기 말소 사건으로 《동아일보》는 정간 처분을 받았어요.

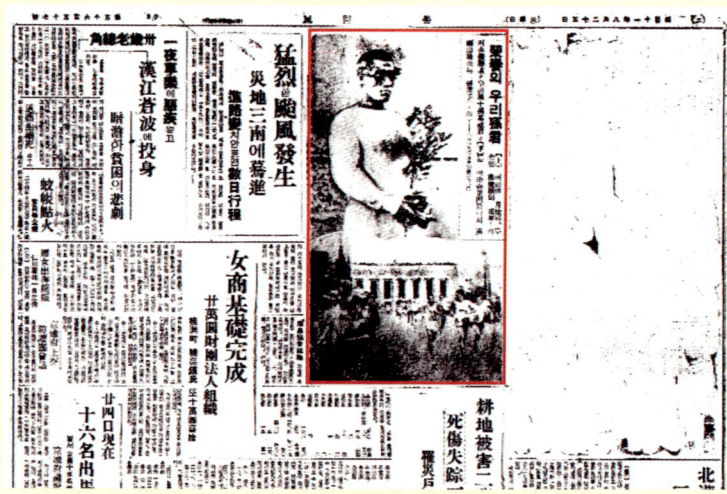

《동아일보》일장기 말소 사건 이 사건에 연루되어 많은 기자와 책임자가 처벌을 받았어요. (사진·위키피디아)

동아일보 발행 정지 처분

이유: 1936년 동아일보의 일장기 말소 사건으로 인한 내선 융화 저해 염려와 그에 따른 발행 정지.

– 《조선출판경찰월보》 제96호 –

"나라 잃은 한을 품고 혼을 불살라 이룬 조선인 손기정의 우승마저 일본에 빼앗겨서는 안 된다."

《동아일보》는 이렇게 민족지 언론의 자존심을 지키고자 했습니다.

《동아일보》만이 아니라 《조선중앙일보》도 일장기를 말소했습니다.

《조선중앙일보》는 민족운동가 여운형이 대표를 맡고 있었기에 일제에게 늘 눈엣가시로 여겨졌지요. 《조선중앙일보》는 일장기 말소 사건을 핑계로 자진 휴간(1936년 9월 4일) 형식으로 발행을 정지했습니다. 《조선중앙일보》는 휴간 동안 재정 상태가 더 악화하여 끝내 복간하지 못한 채

1937년 11월 5일 자로 허가 효력이 자연 상실되어 폐간하고 맙니다.

이처럼 조선총독부는 이 사건을 엄중하게 받아들였고, 경찰은 발 빠르게 움직이고 있었습니다.

일장기 말소 사건의 구속자들은 40여 일의 조사와 고문을 겪은 끝에 다음과 같은 서약서에 서명하고 풀려납니다.

① 언론기관에 일절 참여하지 않을 것
② 시말서(잘못을 저지른 사람이 사건의 경위를 자세히 쓴 문서)를 쓸 것
③ 다른 사건이 있을 때는 가중 처벌을 각오할 것

《동아일보》는 약 9개월간의 장기 정간 후 1937년 6월 3일 자로 속간되었습니다. 이처럼 일장기 말소 사건은 일제의 언론 탄압사로도 중요한 사건이었습니다.

지금도 일본인으로 기록이 남아 있다

제2의 일장기 말소 사건 같은 것이 먼 훗날인 1970년대에도 벌어집니다.

1970년에 신민당 국회의원 박영록이 야간에 독일의 베를린올림픽기념관에 침입해 기념비의 손기정 국적을 '코리아(KOREA)'라고 바꾼 사건입니다. 불법 침입, 절도 및 공공재산 파손 혐의로 체포영장이 발부됐으나, 체포 전에 한국으로 도망옵니다. 명백한 기물 파손이며 도려낸 '재팬(JAPAN)' 문자는 그대로 들고 왔으므로 절도 혐의도 적용됐지만, 다행히 처벌은 받지 않았습니다.

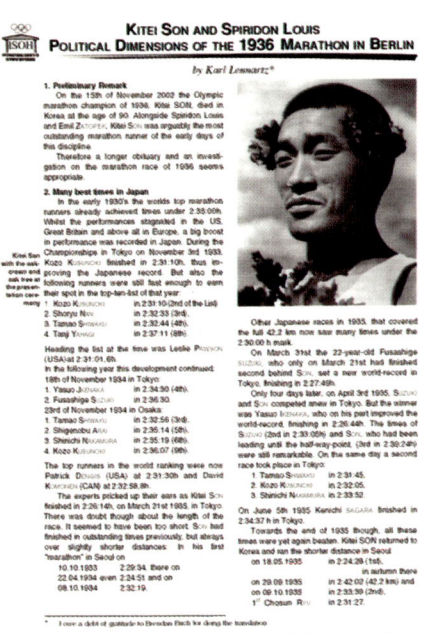

일본식 이름으로 기록된 손기정 선수 손기정 선수를 소개하는 글에 손기정 선수의 이름이 일본식 이름으로 기록되어 있어요.

국제올림픽위원회(IOC)의 손기정 소개 페이지 여전히 손기정 선수의 이름이 일본식으로 기록되고, 국적이 일본으로 밝혀져 있어요.

국제올림픽위원회(IOC)는 선수 시절과 은퇴 후 국적이 달라졌다고 해서 이름과 국적을 은퇴 후 기준으로 수정하지 못한다고 했습니다. 현재 IOC의 공식기록은 다음과 같습니다.

기테이 손, 일본인(Kitei Son, Japan)

대신 약력에는 당시 일제강점기 한국인 출신임이 강조되며, 일장기 말소 사건까지 기록해 놓았습니다.

2011년 12월 9일 IOC는 손기정의 대한민국 국적은 인정했지만, 약력의 국적 자체는 바꾸지 않았다고 합니다. 일제 침략과 강점기의 비극이 아직도 이어지고 있는 것이지요.

리펜슈탈의 베를린올림픽 기록영화와 손기정

독일의 나치당은 베를린올림픽을 자신들 치적이 우수함을 안팎에 과시하는 창구로 이용하고자 했습니다. 이에 엄청난 공력을 쏟아부어 기록영화를 만들었지요. 바로 독일의 여성 영화감독 레니 리펜슈탈이 만든 <올림피아> 2부작입니다.

레니 리펜슈탈은 무용가, 영화감독, 사진작가, 탐미주의자 등으로 유명한 감독입니다. 나치 독일 시절 아돌프 히틀러와 나치당의 선전 영화를 제작하면서 명성을 얻었습니다.

당시로서는 파격적이었던 촬영 기법과 제작 퀄리티로 '천재 영화감독'이라는 평과 함께 세계 영화사에서 절대 빼놓을 수 없는 인물로 평가받습니다. 그러나 나치 정권의 부역자였다는 거센 비난을 받는 양면적인 인물이기도 합니다.

리펜슈탈은 국제올림픽위원회 오토 마이어의 요청으로 1936 베를린올림픽의 기록영화 <올림피아> 2부작을 만들게 됩니다.

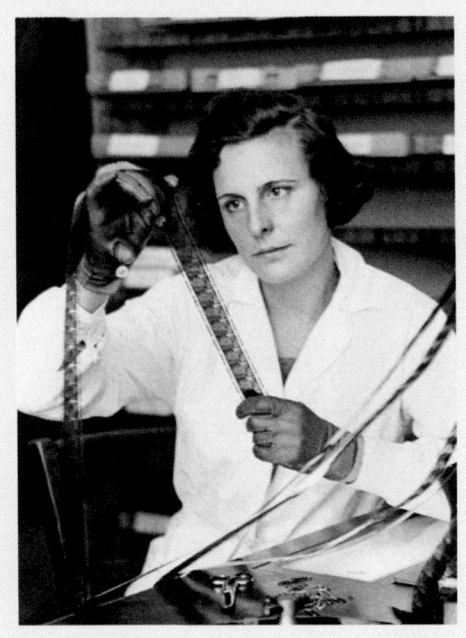

영화감독 레니 리펜슈탈 아돌프 히틀러와 나치당의 선전 영화로 이름을 얻은 리펜슈탈은 히틀러의 전폭적 지원 아래 베를린올림픽 기록영화를 만들었어요. (사진·위키피디아)

〈올림피아〉는 히틀러의 전폭적 지원으로 최첨단 영화 기자재들을 맘껏 구사하였고, 리펜슈탈 자신의 재능도 최고로 끌어낸 걸작 영화였습니다. 다만 문제는 나치즘의 아리안 우월주의를 찬양하는 데 이 모든 게 이용되었다는 것입니다.

리펜슈탈은 〈올림피아〉 2부작을 제작하면서 독일 영화계를 총동원했습니다. 제1선의 카메라맨만 44명을 동원했고, 수록부터

베를린올림픽 기록영화 〈올림피아〉 포스터 2부작으로 제작되었어요.

〈올림피아〉를 촬영하고 있는 리펜슈탈 리펜슈탈은 전폭적 지원으로 최첨단 영화 기자재를 마음껏 사용하며 최고의 기록영화를 만들려고 했어요. (사진·위키피디아)

편집까지 1년여 시간을 소비했으며, 모두 입체적 각도에서 촬영합니다. <올림피아> 2부작은 베를린올림픽 이후 1년 8개월 뒤에 완성되어, 1940년 우리나라에서도 상영됐습니다.

<올림피아>에서 리펜슈탈이 가장 주목했던 선수가 바로 손기정이었습니다. 과묵한 동양의 마라토너에게 매료된 그녀는 <올림피아>에서 손기정의 영상을 상당히 비중 있게 다루었습니다. 리펜슈탈은 <올림피아>로 베니스영화제 최고상을 수상하게 됩니다.

손기정은 마라톤 경기가 끝난 지 3일 후에 리펜슈탈의 저택에 초대받았는데, 손기정은 훗날 저택이 덕수궁보다 크더라고 회상했습니다. 종전 후에도 손기정은 리펜슈탈을 만났습니다. 공교롭게도 두 사람은 1년의 시차를 두고 세상을 떠났답니다

제6부
손기정에서 황영조까지, 한국 마라톤의 영광

조선총독부의 끊임없는 감시로
선수 생활을 접다

손기정은 금의환향에도 불구하고 떳떳이 활동할 수가 없었습니다. 조선 민중의 민족의식이 강화되는 것을 경계하던 조선총독부는 손기정에게 사복경찰을 붙여서 감시했고, 손기정을 괴롭혔습니다.

손기정은 베를린올림픽에서 우승한 다음 해인 1937년 양정고보를 졸업하고, 보성전문(현 고려대학교) 상과에 입학합니다. 당시 보성전문에는 홍성하 교수가 체육부장을 맡고 있었지요. 그는 민족주의자로서 학교 스포츠로 학생들 사기를 진작시키자는 지론을 갖고 있었기에 김성수 교

보성전문에 입학한 손기정 선수 보성전문의 육상선수로 활약하던 손기정 선수는 일제의 감시 때문에 반강제로 보성전문을 중퇴해야 했어요.

장을 설득했습니다. 1937년에 전 조선의 중등학교를 졸업하는 우수 운동선수 다수를 뽑아 상과에 수용했으며, 그 덕분에 손기정도 보성전문에 입학하게 됩니다.

손기정은 보성전문 육상부를 대표해 1937년 봄에 조선학생육상연맹이 주최하는 2개 대회에 출전, 보성전문의 우승에 기여합니다.

손기정이 보성전문에서 활약을 펼치자, 조선총독부는 이를 골치 아프게 생각했습니다. 1930년대 중반에 조선인

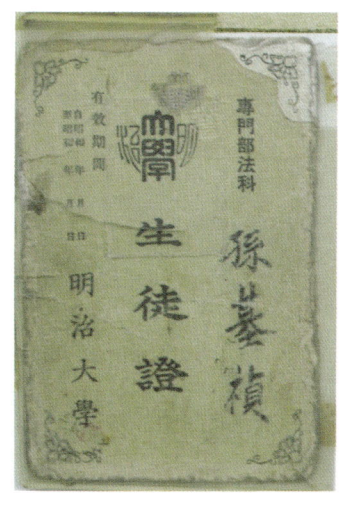
손기정 선수의 메이지대학 학생증 보성전문을 중퇴한 손기정 선수는 일본 메이지대학 상과에 들어갔어요.

학생이 진학할 수 있는 고등교육기관 가운데 조선인 교장이 있는 학교는 보성전문뿐이었습니다. 교수들 가운데엔 한국어로 강의하는 이도 있었으므로 일제가 보기에는 눈엣가시였습니다.

그런 학교에 올림픽 금메달리스트인 손기정이 재학하면서 육상대회에서 활약하자, 손기정은 하루아침에 영웅이 되어 보성전문에는 그를 중심으로 모임이 만들어지기도 했습니다. 조선총독부는 손기정의 보성전문 재학을 꺼렸고, 조선에 있음을 두려워했습니다. 총독부 관헌은 손기정을 주야로 감시했고, 이를 견디다 못한 손기정은 1937년 2학기에 반강제로 보성전문을 중퇴합니다.

손기정은 일본으로 건너가 도쿄 메이지대학 전문부 법과에 편입하게 됩니다. 메이지대학은 우승을 할 수 있는 절호의 기회라고 생각했으나 일제의 통제로 손기정은 선수 활동을 못 하게 됩니다. 결국 메이지대학을 중퇴하고 고국으로 다시 돌아와 식산은행에 취직하게 됩니다. 세계적 선수로 이름이 났으나 일제강점기 조선에서 그가 할 수 있는 일은 제한적이었습니다.

손기정은 베를린 우승 2년 뒤인 1938년 12월 1일 혼약을 맺습니다. 신부는 동덕여고 교원이던 육상선수 출신 강봉신이었지요.

"평양 신공회당에서 하객들이 구름같이 모인 속에서 강양과 결혼 가례를 마쳤다"고 했습니다.

신혼집은 연건정이었습니다. 오늘날의 서울시 연건동에 신혼살림을 차린 것입니다.

해방 이후에는 체육 지도자로 나서다

1945년 해방이 되었습니다. 손기정도 비로소 나라에 공헌할 일을 찾기 시작합니다. 1912년 출생이므로 1945년 해방 당시에 불과 33세였습니다.

일본에서 해방되어 어떤 체육단체도 조직되어 있지 못하고, 체육시설도 빈곤하던 시기였습니다. 손기정은 해방 이후에는 체육계 지도자로서 불모의 체육계에 여러 가지 공헌을 했습니다.

해방되고서 한 달 뒤인 1945년 9월, 손기정은 자신과 오랫동안 활동해 온 권태하, 김은배, 남승룡 등과 함께 조선

육상경기연맹을 조직합니다. 각 도에 지부를 만들고 해방 조선의 육상 발전을 위한 초석을 놓게 됩니다.

해방 직후 덕수궁에서 한글 창제 경축식이 성대하게 열렸습니다. 손기정 선수가 '훈민정음'을 들고 감격스럽게 입장하는 사진이 모든 신문에 실렸습니다. 사회 저명인사로의 면모를 보여 주는 대목입니다.

1945년 12월에는 대한민국 임시정부 환국 환영 마라톤 대회가 개최됩니다. 해방 후 처음 거행한 마라톤 경기인데, 조선육상경기연맹 주최로 12월 23일 80여 명의 선수들이 서울시청 앞에서 출발하였습니다.

해방 직후 조선체육회가 개최한 '자유해방 경축 종합경기대회'에서 손기정은 기수를 맡습니다. 일장기를 달고 올림픽에서 슬픈 우승을 했던 손기정은 개막식에서 태극기를 들고 감격에 겨워 눈물을 흘렸습니다.

태극기 들고 우는 손기정 선수 해방 직후 한 대회'에서 기수를 맡은 손기정 선수는 개막식에서 태극기를 들고 감격에 겨워 눈물을 흘렸어요.

1946년 8월에는 조선마라톤보급회가 조직됩니다. 국제 무대에서 조선 남아의 기개를 세계에 떨친 마라톤 선수로서 조선마라톤보급회를 서울에서 발족하게 됩니다. 권태하 선수의 집에서 조직되었는데, 위원장에 권태하, 총무에 김은배, 그리고 지도자에 손기정과 남승룡이 이름을 올립니다.

손기정은 1947년과 1950년에는 보스턴마라톤대회 육상선수단을 감독했습니다. 해방 이후에 독립된 정부에서 파견한 대회에 처음으로 우승한 서윤복과 함기용을 훈련

시킨 것입니다. 우승자 함기용도 손기정의 양정고보 후배 (1951년 졸업)이지요.

당시 신문은 함기용의 우승을 다음과 같이 노래했습니다.

이겼다! 이겼다! 이겼다!
세계에 으뜸가는 마라톤 한국
차기 올림픽에 월계관 기하자
봄비 촉촉이 내리는 새벽,
라디오를 타고 오는 승리의 전파,
거리거리엔 환성에 충만
세기적 감격, 이 정신 이 감격 살려,
백두 천지에 태극기 꽂자.

— 이길용 —

손기정은 1948년에는 대한체육회 부회장을 맡았고,

1948년 런던올림픽부터 1964년 도쿄올림픽까지 마라톤 대표팀 감독을 맡아 지휘했습니다. '코리아(KOREA)'라는 이름으로 처음 참여한 올림픽에서 개막식 기수로 태극기를 들고 입장했습니다.

1963년에 대한육상경기연맹 부회장, 1966년 방콕아시안게임 한국 대표단장, 1971년 한국올림픽위원회(KOC) 위원, 1981년부터 1988년까지 서울올림픽 조직위원을 맡았습니다.

손기정은 늘 이런 말을 했다고 합니다.

내가 뛰던 시절은 끝났지만, 그 정신은 이어져야 한다.
후배들이 나보다 더 멀리 달릴 수 있다면,
그것이 내가 받은 최고의 보람이다.

서울올림픽의 성화 봉송

손기정의 인생 후반부에서 특히 기억되어야 할 장면은 1988년 서울올림픽 개회식에서 성화 최종 봉송 주자로 뛴 것입니다. 사실 손기정은 성화 최종 봉송 주자가 아닌 성화 점화자로 예정되어 있었다고 합니다. 그런데 문제는 당시 한국 국민이라면 누구나 다 당연히 손기정이 성화를 점화할 것이라고 생각했다는 점입니다. 덕분에 극비에 부쳐져야 할 최종 점화자가 너무나 쉽게 예상되는 문제가 있었습니다. 결국 손기정은 경기장으로 성화를 들고 들어오는 역할을 하고, 이후 1986년 서울아시안게임에서 스타덤에 오른 육상선수 임춘애가 넘겨받은 뒤, 최종적으로 마라토너

1988년 서울올림픽 성화 최종 봉송 주자 손기정 선수 손기정 선수는 고국에서 열린 서울올림픽에서 어린아이처럼 좋아서 펄쩍펄쩍 뛰며 성화를 봉송했어요.

김원탁과 2명의 일반인이 성화를 점화했습니다.

손기정의 외손자 이준승의 회고에 따르면, 손기정은 본인이 당연하게 최종 성화 점화자로 선택될 거라 생각했는데 대회 직전에 이게 뒤집히자 의자까지 집어던지며 크게 화를 냈다고 합니다. 그의 증언에 따르면 성화 봉송 때 자신이 있었고, 멋있게 달리기 위해 1년이나 훈련했다고 합니다.

하지만 대회 영상에서 볼 수 있듯이 손기정은 결국 자신

1992년 바르셀로나올림픽 마라톤 우승자 황영조 선수 황영조가 마라톤에서 우승한 8월 9일은 손기정 선수가 베를린올림픽에서 우승한 날이기도 해요.

의 역할을 기쁘게 받아들였습니다. 당시 영상을 보면 손기정은 가슴에 당당하게 태극 문양의 1988년 서울올림픽 엠블럼을 달고 정말 어린아이처럼 좋아하면서 펄쩍펄쩍 뛰며 성화 봉송을 했습니다.

공교롭게도 황영조가 1992년 바르셀로나올림픽 마라톤에서 우승한 날과 손기정이 베를린올림픽에서 우승한 날이 8월 9일로 똑같습니다. 황영조는 손기정이 자신의 정신적 지주였다고 밝히기도 했습니다. 또한 시상이 끝난 직후

경기장에서 지켜보던 손기정이 황영조를 만나 격려하는 역사적인 장면도 기록으로 남았습니다. 이때 황영조의 두 손을 부여잡고 눈물을 글썽이는 손기정의 사진은 교과서에 실리기도 했습니다.

바르셀로나올림픽 당시 은메달이 일본, 동메달이 독일 선수라 폐막식 때 태극기 양옆으로 일장기와 독일 국기가 나란히 올라갔는데, 이걸 보고 손기정은 이렇게 감격하며 회고했습니다.

56년 전 그날, 한국인인 내가 일본 국기를 달고 독일에서 금메달을 땄는데, 그 3개의 국기가 나란히 올라갔다.

손기정은 1997년부터 동맥경화증 때문에 바깥출입이 불가했습니다. 2002년 11월 15일에 숙환으로 세상을 떠납니다. 국립 대전현충원 국가사회공헌자 묘역에 안장됐으며, 체육훈장 청룡장이 추서됩니다.

그가 달리던 운동장은 기념체육공원으로

그가 세상을 떠난 다음, 모교인 양정학교의 만리동 옛터에 손기정체육공원이 조성됐으며, 이 공원에 손기정기념재단도 마련됐습니다. 손기정기념관은 나라를 잃은 어려운 시절, 세계를 제패해 우리 민족의 긍지를 높여준 손기정 선수의 뜻을 기리기 위해 만들어졌습니다. 그가 다니던 양정학교가 목동 신도시로 옮겨가고 난 다음, 그 터전이 재활용된 것입니다.

손기정념관은 손기정 탄생 100주년인 2012년 10월 14일에 개관하였습니다. 1918년 만리동에 건립된 양정의숙 붉

손기정체육공원 2002년 손기정 선수가 세상을 떠난 다음, 모교인 양정학교의 만리동 옛터에 손기정체육공원이 조성됐으며, 이 공원에 손기정기념재단도 마련됐어요.

손기정기념관과 손기정기념비 손기정념관은 손기정 탄생 100주년인 2012년 10월 14일에 개관했으며, 1918년 만리동에 건립된 양정의숙 붉은 벽돌 건물을 리모델링한 건축물이에요.

은 벽돌 건물을 리모델링한 건축물입니다. 베를린올림픽 마라톤 우승을 이뤄 내기까지의 손기정 선수 일대기 중심의 콘텐츠 및 민족과 국가의 소중함을 일깨워 주는 일화 중심의 전시 기획, 관람객 참여 요소를 곳곳에 배치하여 전시의 이해와 몰입도를 높입니다. 기존의 기념관과는 차별화된 애니메이션 영상과 참여 게임을 통해 성인은 물론 어린이 관람객에게 즐겁고 풍성한 볼거리 및 바른 역사 인식의 기회를 제공합니다.

손기정기념관 옆에는 손기정문화도서관도 있습니다. 이 역시 양정학교 교사를 리모델링한 건축물입니다. 카페 분위기의 자연스러운 풍경 속에서 인근 주민들이 즐겨 찾는 기념도서관입니다.

손기정이 달리던 학교 운동장은 손기정체육공원으로 변신하였습니다. 이 역시 손기정을 기념하는 체육공원입니다. 1987년 9월 조성되었는데, 2020년에 러닝을 중심으로

하는 다채로운 문화 체육 공간으로 재탄생했습니다. 축구장으로 이용되던 운동장을 마라톤과 보행이 가능한 트랙으로 조성해서 걷고 뛰기가 모두 가능하도록 했습니다. 이 운동장은 축구만을 위한 공간을 아닌 마라톤 광장, 야외 요가, 플리마켓 장터 등 세부 프로그램이 요일별, 시간별 운영되는 문화, 체육 복합공간으로 활용되고 있습니다.

손기정체육공원에는 러닝트랙, 다목적운동장, 어린이 도서관, 어린이 놀이터, 게이트볼장 등의 시설이 갖추어져 있습니다. 체육공원 내 신설된 손기정어린이도서관은 공원 남측 입구에 자리한 공영주차장 건물 일부를 활용해 조성된 것입니다. 마라톤 제패를 기념하는 기념비가 서 있으며, 손기정이라는 걸출한 운동선수를 기리는 역사적 공간이기도 합니다.

월계수나무는 지금까지 무럭무럭 자라고 있다

고대 그리스에서는 우승자에게 나뭇가지와 잎으로 관을 만들어 씌워 주는 전통이 있었습니다. 올림픽의 우승자, 학자, 시인 그리고 율리우스 카이사르도 월계관을 사용하였지요. 월계수는 이 월계관을 만든 나무라는 의미로 붙여진 이름입니다. 월계수는 태양신 아폴로의 신수로, 승리와 영광을 상징하기도 합니다.

월계수는 유럽 남부의 지중해 연안이 고향으로 오래전부터 유럽인들은 월계수 잎을 이용하였습니다. 기원전 342년에 만든 동전에는 월계수가 새겨졌으며, 중세 이후에는 음식에 쓰이면서 오일을 추출하기도 했습니다.

시상대에서 월계수 화분을 들고 있는 손기정 선수 손기정 선수는 시상대에서 고개를 떨군 채 월계수 화분으로 일장기를 가렸어요.

베를린올림픽 마라톤에서 우승한 손기정 선수는 시상대에서 고개를 떨군 채 월계수 화분으로 일장기를 가리고 있었습니다. 독일 언론의 표현대로 '가장 슬픈 올림픽 우승자'였습니다.

일장기를 가렸던 월계수(정식 명칭은 '손기정 월계관 기념수')가 현재 손기정체육공원을 지키고 있습니다. 현재 서울시 기념물 5호입니다.

그런데 안내판에는 수종명이 대왕참나무로 되어 있습니다. 대왕참나무는 미국이 원산지이지요. 참나무 월계관과 참나무 묘목을 우승자에게 수여한 사례는 베를린올림픽이 처음이었습니다.

독일에서 참나무 잎이 승리와 영웅의 상징으로 등장하게 된 것은 1813년 빌헬름 3세가 전쟁에서 공을 세운 군인에게 참나무 잎이 그려진 철십자 훈장을 수여하면서부터라고 합니다. 베를린올림픽 우승자에게 수여했던 월계관과 월계수는 지중해 연안에서 자라는 월계수가 아니라, 독일에서 자생하는 로부르참나무였습니다.

조경전문가 이선 교수는 논문을 통하여 논쟁이 많은 이 나무에 관하여 이렇게 정리합니다.

1936년 손기정 선수의 베를린올림픽 마라톤 제패는 일제강점기 고통스러운 나날을 보내던 우리 민족에게 커다란 자부심과 민족정기를 북돋아 주는 계기가 되었다. 당시 손기정 선수

손기정체육공원의 월계수 베를린올림픽 시상대에서 일장기를 가렸던 월계수가 현재 손기정체육공원을 지키고 있어요. 사실 이 나무는 독일산 로부르참나무예요. (사진·위키피디아)

가 부상으로 받은 묘목은 현재 서울역 서쪽 만리동 언덕의 손기정체육공원에 자라고 있으며, 미국산 대왕참나무라고 밝혀져 있다.

1936년 개최된 제11회 베를린올림픽은 히틀러가 독일 게르만족의 역사와 문화의 우수성을 과시하기 위한 절호의 기회인데, 독일산 참나무 대신 미국산 대왕참나무를 수여한다는 것은 사리에 맞지 않는다. 서울시와 각종 매체에는 이를 히틀러의 단순 착오에 의한 결과라거나 다소 억지스러운 추측으로 그 내력을 기정사실화하고 있다.

그러나 본 논문에서는 당시 우리나라의 신문 기사와 독일 일간지 기사 및 최근 소개된 독일 주간 유력지 《슈피겔》 기사 등을 근거로 손기정 선수가 받은 월계수가 로부르참나무였다는 것을 밝힐 수 있었다.

이와 같은 여러 정황을 근거로, 원래 수여받은 로부르참나무를 손기정기념공원 내에 식재하고, 새롭게 밝혀진 내력을 서울시 홈페이지와 각종 기록에 고지하기를 제언하고자 한다.

대한민국 보물이 된 그리스 투구

국립중앙박물관에는 그리스 유물로는 최초로 보물로 지정된 투구가 보존되어 있습니다. 국립중앙박물관 100선에 포함된 이 유물은 베를린올림픽 당시 수상 기념으로 받은 것인데, 그동안 베를린의 박물관에 보관되어 있다가 후대에 손기정에게 반환된 것입니다.

베를린올림픽 마라톤 우승자에게는 특별한 선물이 준비되어 있었습니다. 1875년에 독일 고고학자가 올림픽의 발상지인 그리스 올림피아 유적의 제우스 신전에서 발굴한 실제 투구입니다. 기원전 8세기에서 7세기 것으로 여겨지므로 2,700~2,800년 전 유물입니다.

그러나 국제올림픽 조직위원회에서 금메달 이외에 다른 부상을 주는 것은 올림픽의 아마추어 정신을 훼손한다고 하여 그만 손기정에게 전달되지 못하고, 베를린의 샤를로텐부르크 박물관 구석에 잠들어 있었습니다.

손기정 선수의 그리스 청동 투구 베를린올림픽 마라톤 우승자에게 주어진 특별 선물로, 베를린의 박물관에 보관되어 있다가 1986년 베를린올림픽 50주년을 기념하여 반납받았어요. (사진·위키피디아)

해방 직후의 신문 기사를 보면, 손기정은 《동아일보》를 통하여 이 투구를 찾으려고 노력하였습니다.

마라톤 발상지 그리스에서는 올림픽대회마다 가장 대표적인 마라톤 종목의 우승자에게는 대리석대 위에 승리의 투구를 얹어 대리석에 우승자의 이름, 연대 기록 등을 조각하여 전달하는 터인데, 우리 손기정 군에게 조각이 다 되었으니 찾아가라는 목록과 사진이 송달되어 왔건만 일본이 의붓자식처럼 취급하여 전쟁 중 흐지부지 오늘에 이르렀다.

　손 선수는 이번 기념식전을 기회로 본사를 통하여 이것을 찾아달라고 요구하여 왔다. 본사에서는 즉시 하지 중장을 통하여 도쿄의 맥아더 사령부로 이 뜻을 전달하기로 하였다.

-《동아일보》1946년 08월 17일 -

손기정은 그 투구가 베를린에 있다는 것을 알고 있었던 것이지요. 그러나 반납은 이루어지지 않았습니다. 그의 끈질긴 노력 끝에 1986년 베를린올림픽 50주년을 기념하여 투구를 반납받게 됩니다. 50주년이라는 역사적 분기점을 계기로 반납이 이루어진 것이지요.

높이 21.5cm로 일명 '손기정 투구'로 불리는데 보물 904호로 지정되기에 이릅니다. 유럽의 유물이 보물로 지정되는 특이한 사례입니다.

손기정은 "이 그리스 투구는 나의 것이 아니라 민족의 것"이라면서 국립중앙박물관에 기증했습니다. 그리하여 오늘날 국립중앙박물관에는 특별히 투구를 모신 전시 코너가 마련되어 시민들을 일상적으로 만나고 있습니다.

손기정 연보

1930~1940

1912년	평안북도 신의주 출생(손인석, 김복녀의 세 아들 중 막내아들)
1932년	양정고등보통학교 입학
1933년	제9회 조선신궁경기대회 마라톤 우승(2:29:34, 비공인 세계기록)
1934년	제2회 풀코스 마라톤대회 우승(2:24:51, 비공인 세계기록)
1936년	제1회 전일본마라톤대회 우승(2:26:14, 비공인 세계기록)
	제1회 전조선마라톤대회 우승(2:25:14, 비공인 세계기록)
	제3회 풀코스 마라톤대회 우승(2:24:28, 비공인 세계기록)
	제8회 일본 메이지신궁 마라톤 우승(2:26:42, 공인 세계기록)
	미국 헬무스 체육상 수상(아시아 대표)
1936년	제11회 베를린올림픽 마라톤 우승(2:29:19:2, 올림픽 신기록)
1937년	양정고등보통학교 졸업
	보성전문(현 고려대학교) 입학
	일본 메이지대학교 입학

1938년	〈뛰어라! 걸어라!〉 전국 순회 캠페인 전개(중국 심양 포함)
1940년	일본 메이지대학교 법학과 졸업
1946년	조선마라톤 보급회 발족
1947년	제51회 보스턴마라톤대회 참가(감독 자격, 서윤복 우승)
1948년	대한체육회 부회장
	제14회 런던올림픽 선수단 기수
1949년	대한체육회 경기공로상

1950~1960

1950년	제54회 보스턴마라톤대회 참가
	(감독 자격, 함기용 1위, 송길윤 2위, 최윤칠 3위)
1952년	제15회 헬싱키올림픽 선수단 기수
	헬싱키올림픽 마라톤 참가(감독 자격, 최윤칠 4위)
1957년	대한민국 체육상 수상
	서울신문사 체육상
1959년	대한체육회 공훈상
1960년	제17회 로마올림픽 참석
1963년	대한육상연맹 회장
	로잔 체육회담 참석(남·북 단일팀 추진)
	일본 아사히신문사 체육상

1964년	제18회 도쿄올림픽 참석
1966년	제5회 방콕아시아경기대회 선수단장
1967년	바킬라 아베베상
1968년	제19회 멕시코시티올림픽 참석
	국제육상경기연맹(IAAF) 공로상

1970~1980

1970년	국민훈장 모란장
	일본 오시마 스포츠문화상
1971년	한국올림픽위원회 위원
1972년	제20회 뮌헨올림픽 특별초청 참석
1976년	제21회 몬트리올올림픽 특별초청 참석
1979년	한국올림픽위원회 상임위원
1981년	서울올림픽위원회 조직위원
	베를린 국제마라톤대회 초청 참석
	88서울올림픽 유치 대표단 참가(IOC 총회, 바덴바덴)
1982년	마라톤 강화 위원장
	국제육상경기연맹(IAAF) 창립 70주년 특별기념상

1983년	자서전 《나의 조국, 나의 마라톤》 출간
1984년	제23회 LA올림픽 특별초청 참석
1985년	KOC 상임고문
	일본 월드컵국제마라톤 특별초청 참석
1986년	베를린올림픽 마라톤 우승 특별부상 그리스 청동 투구 반환
1987년	LA마라톤대회 및 뉴욕마라톤대회 특별초청 참석
1988년	제24회 서울올림픽 성화 주자 참여

1990~2000

1992년	제25회 바르셀로나올림픽 참석(황영조 우승)
1993년	삼성문화재단 문화체육 고문
1996년	올림픽 100주년 기념 아테네마라톤대회 특별초청 참석
	베를린올림픽 60주년 기념행사 참석
1997년	고려대학교 경영학 명예 학사
	원광대학교 대학원 명예 철학 박사
2000년	국민체육진흥공단 마라톤팀 고문
2001년	삼성전자 육상팀 고문
2002년	타계(대전 국립현충원 안장)
	체육훈장 청룡장

왜 천천히 읽기를 해야 하는가?

'천천히 읽는 책'은 그동안 역사, 과학, 문학, 교육, 지리, 예술, 인물, 여행을 비롯해 다양한 주제와 소재를 다양한 방식으로 펴냈습니다. 왜 천천히 읽자고 하는지 궁금해하는 독자들이 있어서 몇 가지를 밝혀 둡니다.

- '천천히 읽는 책'은 말 그대로 독서 운동에서 '천천히 읽기'를 살리자는 마음을 담았습니다. 천천히 읽기는 '천천히 넓고 깊게 생각하면서 길게 읽자'는 독서 운동입니다.
- 독서 초기에는 쉽고 가벼운 책을 재미있게 읽을 수 있는 방법으로 시작해야겠지요. 그러나 독서에 계속 취미를 붙이기 위해서는 그 단계를 넘어서 책을 깊이 있게 긴 숨으로 읽는 즐거움을 느낄 수 있어야 합니다. 그래야 문해력이 발달합니다.
- 문해력이 발달하는 인지 발달 단계는 대체로 10세에서 15세 사이에 시작합니다. 음식을 천천히 씹으면서 맛을 음미하듯이 조금 어려운 책을 천천히 되씹어 읽으면서 지식을 넘어 새로운 지혜를 깨달을 수 있습니다.
- 독서 방법에는 다독, 정독, 심독이 있습니다. 천천히 읽기는 정독과 심독에서 꼭 필요한 독서 방법입니다. 빨리 많이 읽기는 지식을 엉성하게 쌓아 두기에 그칩니다. 지식을 내 것으로 소화하기 위해서는 정독이 필요하고, 지식을 넘어 지혜로 만들기 위해서는 심독이 필요합니다.
- 어린이들한테는 쉽고 가볍고 알록달록한 책만 주어야 한다고 생각하는 어른들이 있습니다. 그러나 독서력이 높은 아이들은 어렵고 딱딱한 책도 독서력이 낮은 어른들보다 잘 읽습니다. 그런 기쁨을 충족하지 못할 때 반대로 문해력도 발달하지 못하면서 책과 멀어지게 됩니다.

'천천히 읽는 책'은 독서력을 어느 정도 갖춘 10세 이상 어린이부터 청소년과 어른까지 읽는 책들입니다. 어린이, 청소년과 어른들(교사와 학부모)이 함께 천천히 읽으면서 이야기를 나눌 수 있는 읽기 자료가 되기를 바라는 마음에서 만들고 있습니다.